Irmgard Weth
Wenn euch Kinder fragen

Irmgard Weth

Wenn euch Kinder fragen

Biblisches Erzählen heute

Aussaat Verlag Neukirchen-Vluyn

ABC team

ABCteam-Bücher erscheinen in folgenden Verlagen:
Aussaat Verlag Neukirchen-Vluyn
R. Brockhaus Verlag Wuppertal
Brunnen Verlag Gießen (und Brunnquell-Verlag)
Christliches Verlagshaus Stuttgart
Oncken Verlag Wuppertal und Kassel

Titelgestaltung: Meussen/Künert, Essen
Satz und Druck: Breklumer Druckerei Manfred Siegel KG
Printed in Germany
ISBN 3-7615-1009-8
Bestellnummer 111 009

„Wenn dich heute oder morgen dein Sohn fragen wird:
Was bedeutet das?, sollst du ihm sagen:
Der Herr hat uns mit mächtiger Hand aus Ägypten,
aus der Knechtschaft geführt.“

2. Mose 13,14

Inhalt

Zum Geleit

Die christliche Gemeinde ist eine Erzählgemeinschaft. Sie erinnert durch ihr Erzählen an einmalige und einzigartige Ereignisse, an die Geschichte Jesu Christi und an die Erfahrungen, die sich darin niedergeschlagen haben, und ruft neue, eigene Erfahrungen der Hörer hervor. Die Hörer können sich im Licht der alten Geschichten neu erkennen und ein gewandeltes Selbstverständnis herausbilden. Im Unterschied zum bloßen Bericht spricht die Erzählung aus einem persönlichen Bezug. Solange Menschen die Geschichten der Bibel als hilfreich empfinden und sie weitererzählen, wird die Kirche leben.

Auf diesem Hintergrund kann man erst ermessen, welche weitreichenden, ja katastrophalen Folgen es hat, wenn das Erzählen biblischer Geschichten zurückgeht. Obwohl Theologen und Religionspädagogen seit etwa fünfzehn Jahren die Notwendigkeit des Erzählens wiederentdeckt haben, wird im Religionsunterricht immer weniger erzählt. Eltern, LehrerInnen und auch PfarrerInnen scheinen unter einer Erzählblockade zu leiden.

In der Lehrerausbildung haben wir immer wieder Gelegenheit, Religionsstunden zu beobachten. Auch hier stellen wir fest: Es wird kaum noch erzählt. Sogar in der Grundschule werden Bibeltexte zunehmend vorgelesen. Man gibt „Texte" in eine Lerngruppe und vermag die so aufgebaute Distanz im anschließenden Gespräch nur schwer zu überwinden. Gewiß hat Scheu vor dem biblischen Erzählen verschiedene Ursachen. Tatsache ist eben, daß wir Christen in Europa weithin überhaupt verlernt haben, aus persönlicher Betroffenheit vom Glauben zu reden, ohne daß es peinlich wird. Negative Erlebnisse dieser Art und oftmals auch eine unverarbeitete historische Kritik der Bibel führen leicht zu einem Bruch zwischen persönlicher Einstellung und Verhalten. Viele haben Angst, etwas Falsches zu behaupten, und ziehen sich auf vermeintlich objektivere Darstellungsweisen biblischer Geschichten zurück, weil sie sich in historisch-kritischen Fragen unsicher fühlen. Das, was wichtig ist, getrauen sie sich kaum mehr auszusprechen. Dahinter verbirgt sich ein Mißverständnis historisch-kritischer Forschung und des verkündigend-erzählenden Umgangs mit der Bibel. Historische Arbeit bleibt prinzipiell unabgeschlossen, und ihre Ergebnisse können das Erzählen biblischer Geschichten niemals ersetzen. Kritische Aussagen sollten nicht verdrängt, sondern nach dem Maß der per-

sönlichen Kenntnisse genutzt werden. Entscheidend ist aber, ob es gelingt, die biblischen Geschichten - nachdem sie durch die Person des Erzählers hindurchgegangen sind - so zu erzählen, daß das in ihnen Mitgeteilte bei den Hörern neue Erfahrungen mit Gott ermöglicht. Wo LehrerInnen und ErzieherInnen dazu den Mut gewinnen, die Botschaft der Erzählungen an sich herankommen zu lassen und u. U. ihr eigenes Leben zu verändern, gewinnen sie auch eine in Bewegung setzende Sprache.
Hier setzen Irmgard Weths Ausführungen an. Sie hat immer beides im Blick: die hilfreiche Wahrheit der Bibel und die Bedürfnisse junger Menschen heute. Ihre Erfahrungen aus dem gemeinsamen Leben mit Kindern und Jugendlichen erschließen biblische Aussagen neu und lösen die Zunge zum Nach- und Weitererzählen biblischer Geschichten für junge Menschen. Das erscheint uns heute mehr als notwendig.
Irmgard Weth ist die Autorin der Neukirchener Kinder-Bibel, die inzwischen von sehr vielen benutzt wird. Sie hat dort in schriftlicher Form die Erzählungen der Bibel für Kinder und Familien wiedergegeben. Wir sind dankbar, daß sie nun in diesem Buch zu eigenem Erzählen anleitet und ermutigt.

Für den Trägerkreis der Christlichen Initiative Brennpunkt Erziehung

Hans-Jürgen Abromeit — Hans Bernhard Kaufmann

Vorwort

Dieses Buch ist der jungen Generation gewidmet. Mein Dank gilt allen SchülerInnen, mit denen ich in der Erzieher- und Diakonenausbildung seit zwanzig Jahren im Gespräch bin. Viele von ihnen sind inzwischen selbst aktiv in der Kinder- und Jugendarbeit tätig. Was mich mit ihnen verbindet, sind viele gemeinsame Erfahrungen, die wir im Rahmen der Ausbildung mit den Geschichten der Bibel machten. Dabei stellten wir immer neu fest, wie aktuell und zukunftsweisend die Botschaft biblischer Zeugnisse ist.

Mein Dank gilt vor allem den Jugendlichen, die ich in den Neukirchener Jugendhilfe-Einrichtungen im Lauf der Jahre kennen- und schätzen gelernt habe. Sie haben uns mit ihren kritischen Fragen und ihrer direkten und offenen Art immer wieder zur Sache gerufen. Ihre persönlichen vielfältigen Lebenserfahrungen und Enttäuschungen waren und sind für uns zum Prüfstein geworden, an dem sich unsere theologische Arbeit und insbesondere unser biblisches Erzählen zu bewähren hat.

Mein Dank gilt allen heranwachsenden Kindern in Familie und Gemeinde, die sich weit mehr als frühere Generationen mit den Einflüssen unserer Gesellschaft und Zukunftsfragen auseinandersetzen müssen. Im kontinuierlichen Erzählen lernten wir aufeinander zu hören und einander zu verstehen. Dabei erwies sich das biblische Erzählen als Mitte aller Glaubensgespräche zwischen den Generationen.

Mein Dank gilt schließlich und im besonderen Johannes Weth, dessen Erzählbeitrag sich auf S. 85-90 findet.

Wer in diesem Buch nur methodische Tips und Ratschläge erwartet, wird enttäuscht sein. Wem aber daran gelegen ist, daß die Botschaft der Bibel im Glaubensgespräch zwischen den Generationen nicht verstummt, sei eingeladen, sich den gegenwärtigen Fragen junger Menschen zu stellen. Im gemeinsamen Hören auf die biblischen Zeugnisse werden wir entdecken, was uns, Ältere und Jüngere, miteinander verbindet: Gottes Wort, das Zukunft und Hoffnung verheißt.

> „Denn euch und euren Kindern gilt diese Verheißung, und allen, die fern sind, so viele der Herr, unser Gott, herzurufen wird."
>
> Apostelgeschichte 2,39

Neukirchen-Vluyn, im Herbst 1992 — Irmgard Weth

A . GRUNDLEGUNG

I. Die Bibel in unserer Zeit – Beobachtungen

Vieles ist über die Bibel gesagt worden, viel über ihre bleibende Bedeutung nachgedacht worden. Ein ganzes „Jahr mit der Bibel“ wurde ausgerufen, Werbekampagnen wurden gestartet, Plädoyers für das Buch der Bücher entworfen, und Literatur zur Bibel wurde in Massen gedruckt. Aber fragen wir uns zunächst selbst: Worin liegt für uns die bleibende Bedeutung der Bibel begründet? Warum geht uns dieses alte Buch heute immer noch an? Warum kann es uns packen und nicht mehr loslassen, obwohl es doch offensichtlich aus einer ganz anderen Welt stammt?

Für mich ist die Bibel ein kunstvolles Bauwerk, einer ehrwürdigen Kathedrale vergleichbar. Wer vor einem solchen Bauwerk steht, mag sich erstaunt fragen: Worauf gründet sich die eigentümliche Faszination, die von diesem Bauwerk ausgeht? Warum ist es zeitlos, obwohl es doch eindeutig Zeuge einer vergangenen Zeit ist? Warum wirkt es auf uns als harmonische Einheit, obwohl doch viele Geschlechter daran gebaut und ihre eigenen vielfältigen geschichtlichen Erfahrungen mit hineingebaut haben? Ist es nicht so? Sie alle hatten ein gemeinsames Ziel: „Omnia ad maiorem dei gloriam!“ Zur Ehre Gottes sollte dieses Bauwerk dienen! Auf ihn, den unsichtbaren Gott, sollte es sichtbar hinweisen. Ihn sollte es einfältig bezeugen in aller Vielfalt der Ausdrucksformen, durch Türme, Säulen und Altäre. Und doch wirkt das Gotteshaus antiquiert und tot, wenn nicht Menschen in ihm zusammenkommen,

die Gott heute die Ehre geben, in Lob und Dank und im Hören auf sein Wort.
Ähnlich verhält es sich mit dem „Haus“ der Bibel. Viele Generationen haben daran gebaut und ihre eigenen Erfahrungen mit Gott hineingearbeitet. Sie sind darüber gestorben, und spätere Generationen haben das Erbe übernommen, haben weitergegeben, was ihnen überliefert worden war. So entstand ein Kunstwerk, das in aller Vielfalt der geschichtlichen Zeugnisse dennoch ein harmonisches Ganzes darstellt. Denn alles, was darin geschrieben ist, dient dem Ziel, Gott die Ehre zu geben: „Omnia ad maiorem dei gloriam!“ Als sichtbares Zeugnis von Menschen legt es Zeugnis ab von dem einen unsichtbaren Gott, „der über allen und durch alle und in allen“ ist (Eph 4,6). – Aber dennoch wirkt die Bibel wie ein altes Gemäuer, eine leere Hülse, wenn nicht Menschen da sind, die in ihr leben, die in ihr heute „zu Hause“ sind und in ihr Gottes Wort als lebendiges Wort vernehmen und ihm die Ehre geben.
Dieses Bild lehrt uns, wie weit wir heute davon entfernt sind, die Bibel so zu verstehen und zu gebrauchen. Vielen getauften Christen ist die Bibel fremd und unzugänglich geworden. Tiefsitzende Vorurteile verhindern einen unbefangenen Umgang mit diesem Buch. Sie werden häufig auch auf die nachfolgende Generation übertragen. Diese findet von sich aus keinen Zugang mehr zur Bibel. Nicht Ablehnung biblischer Botschaft kennzeichnet sie, sondern Ahnungslosigkeit und Hilflosigkeit, eine Auswirkung jenes schleichenden Entfremdungsprozesses, der sich nicht nur im Religionsunterricht an den öffentlichen Schulen abzeichnet, sondern inzwischen längst auch die Kinder- und Jugendarbeit in den Gemeinden nachhaltig bestimmt.

Ein Beispiel aus der Praxis mag dies verdeutlichen. Kindergottesdienst am Sonntagmorgen: Den Kindern soll die Geschichte von Daniel in der Löwengrube nahegebracht werden (Dan 6). Alles ist bestens vorbereitet. Der Text ist gründlich erarbeitet und in eine kindgemäße Erzählfassung umgesetzt. Die Medien stehen bereit. Und dennoch bin ich unsicher. Werden die Kinder verstehen, was ihnen erzählt wird? Werden sie es mit ihrer Lebenswelt in Verbindung bringen können? Werden sie die Hoffnung, die aus dieser Geschichte spricht, heraushören – als eine Botschaft an sie persönlich?
In Gedanken lasse ich noch einmal frühere Kindergottesdienst-Situationen an mir vorüberziehen. Vor zehn Jahren war es bei uns noch üblich, Sonntag für Sonntag die Kinder den bekannten Vers sprechen zu lassen:

„Herr, dein Wort, die edle Gabe,
diesen Schatz erhalte mir!
Denn ich zieh es aller Habe
und dem größten Reichtum für.
Wenn dein Wort nicht mehr soll gelten,
worauf soll der Glaube ruhn?
Mir ist's nicht um tausend Welten,
aber um dein Wort zu tun."

N.L.v. Zinzendorf

„Mir ist's nicht um tausend Welten. . ." Heute wäre es undenkbar oder unehrlich, mit den Kindern diesen Vers zu sprechen. Wenn die Kinder zum Kindergottesdienst kommen – wenn sie überhaupt kommen! –, dann sind sie so erfüllt von den tausend Welten, die täglich auf sie einwirken, die Welt der Comics und Krimis, die Welt der Sportschau vom Vortag oder die Kindersendung, die gerade noch vor dem Gottesdienst ausgestrahlt wurde. Wie soll ich ihnen da die ferne Welt der Bibel nahebringen? Wie kann ich ihnen etwas von dem kostbaren „Schatz" dieses Wortes vermitteln?
Ich will es trotzdem versuchen. Und so beginne ich: „Vor langer, langer Zeit, als ihr noch nicht gelebt habt, da lebte. . ." Schon unterbricht mich ein Kind: „Ich weiß: die Dinosaurier, die lebten da!" Auf diese Reaktion war ich nicht vorbereitet. Warum eigentlich nicht? Ich hätte sie doch voraussehen können: Die Zeit des Daniel ist für die Kinder unvorstellbar fern, so fern wie die Zeit der Dinosaurier, nein, noch ferner. Denn die Dinosaurier sind ihnen wenigstens aus Filmen und Bilderbüchern bekannt. Aber Daniel, David und all die anderen Personen der Bibel kommen in ihrer Kinderwelt nicht vor.[1]
So fange ich noch einmal von vorn an, aber diesmal behutsamer: „Es war einmal ein König, der hieß . . ." „König Darius" möchte ich fortsetzen. Aber so weit komme ich gar nicht mehr. „Es war einmal und ist nicht mehr", kommt das Echo aus der letzten Reihe zurück, diesmal von den Älteren. Natürlich! denke ich. Wie dumm von mir, daß ich dies vergaß! Für diese Jugendlichen klingen die biblischen Geschichten wie frei erfundene Märchen. Aber diesen Eindruck will ich unter allen Umständen vermeiden.
So beginne ich ein drittes Mal, diesmal ganz direkt: „Sagt, kennt ihr eigentlich Daniel!" „Na klar!" ruft einer prompt. „Daniel Düsentrieb, das Superhirn!"
Klar, Daniel Düsentrieb, die erfindungsreiche Comicfigur aus Disney-

land, kennen sie alle aus ihren Donald-Duck-Heftchen. Ich sehe es an ihren Gesichtern. Aber den Daniel, von dem die Bibel erzählt, den muß ich ihnen erst noch bekanntmachen. Und ich bin fest entschlossen, es trotz aller Mißverständnisse zu versuchen.
So fange ich an, von Daniel zu erzählen, von seiner Klugheit und glänzenden Karriere am persischen Königshof. Ich schildere sein Leben in allen Farben: wie er sich trotz seiner gottfremden Umgebung nicht von seinem Glauben abbringen läßt, wie er den Löwen zum Fraß vorgeworfen wird, aber von Gott gerettet wird und am Ende erkennt:

> „Mein Gott hat seinen Engel gesandt, der den Löwen den Rachen zugehalten hat, so daß sie mir kein Leid antun konnten. . .“ Daniel 6,23

Die Kinder hören inzwischen aufmerksam zu. Die Geschichte von Daniel hat sie gepackt. Aber ich bin unsicher geworden. Ich frage mich, was jetzt wohl in ihren Köpfen vorgeht. Können sie wirklich nachvollziehen, was Daniel mit Gott erfahren hat? Wer ist dieser Gott für sie? Und was bedeutet ein Engel für sie? Sind sie in ihrer Vorstellung nicht nur Phantasiegebilde, Kobolden, Schlümpfen oder der „Kleinen Hexe“ vergleichbar, die in den Bilderbüchern und Kassetten der Kinder in großer Zahl herumgeistern? Oder glauben sie etwa, Engel seien - wie jene anderen „Außerirdischen“ ALF und E.T. - nur Geschöpfe der Film- und Fernsehwelt?[2]
Mag sein, daß die geschilderte Situation überspitzt wirkt. Aber dennoch scheint sie mir typisch für den wachsenden Säkularisierungsprozeß, der die religionspädagogische Praxis zunehmend bestimmt. Kinder, die in der Mehrzahl keine christlich- religiöse Erziehung in der eigenen Familie erfahren haben, kommen zu uns in den Kindergarten, in den Religionsunterricht und auch zu unseren gemeindlichen Angeboten, Kindergottesdienst, Kinderstunde oder Jungschar. Aber von der Welt der Bibel sind sie oft „Welten“ entfernt. Sie leben in einer Welt, in der der Muttertag wichtiger ist als das Osterfest, in der der Aldi-Supermarkt bekannter ist als die Kirche nebenan, in der Fernsehhelden und Computerspiele ihnen mehr bedeuten als etwa die Lebens- und Glaubenserfahrungen ihrer Eltern und Großeltern.[3]
Was kann ihnen in dieser Welt, in der sie leben, das „Haus“ der Bibel bedeuten? Kein Zuhause, höchstens eine Art Museum, das man sich interessiert anschaut, ohne den Bezug zum eigenen Leben zu entdecken. Vielen von ihnen ist der Zugang zu diesem Haus zusätzlich durch ge-

wachsene Vorurteile gegenüber der Bibel verschlossen, Vorurteile, die sie in der Gesellschaft schon vorfinden und die sie häufig ungeprüft von den Erwachsenen übernehmen.

1. Vorbehalte gegenüber der Bibel

Fragt man, was Kinder und Jugendliche davon abhält, sich heute mit der Bibel zu befassen, so hört man meist folgende Begründungen:

(1) Die Bibel ist ein „altes" Buch.
Als Sammlerstück genießt sie zwar Beachtung. Stolz berichten etwa Kinder davon, daß ihre Oma zu Hause auch „eine ganz alte, wertvolle" Bibel im Schrank habe. Aber ihr Inhalt gilt als definitiv überholt. „Zu deiner Zeit ist ja allerhand passiert" - so schreibt ein Kind in einem Brief an Gott. „Zu deiner Zeit", das heißt: diese Zeit ist endgültig vorbei und hat offenbar keinen Einfluß auf das Leben der Kinder.[4]

(2) Die Bibel ist ein „fremdes" Buch.
Fremdartig und manchmal geradezu unheimlich heilig geht es nach der Meinung vieler in der Welt der Bibel zu. Weder die alten Opferriten Israels noch die überlieferten Kriege im Namen Gottes scheinen mit humanen Werten, die den Kindern in der Erziehung vermittelt werden, vereinbar. „Aber die Tiere sollen nicht sterben!" wenden Kinder erschrocken ein, wenn sie von Tieropfern hören. Die Welt des Kultes bleibt ihnen fremd, unheimlich und unzugänglich.[5]

(3) Die Bibel ist ein „schwieriges" Buch.
Kindern, die heute oft mit zehn oder zwölf Jahren schon einen eigenen Computer besitzen und über ein erstaunlich hohes technisches und naturwissenschaftliches Wissen verfügen, fällt es schwer, die Glaubenserfahrungen der Bibel mit ihrem kritisch geschulten Denken zusammenzubringen. Erwachsene, die häufig selber in ihrem Glauben verunsichert sind, fürchten sich vor ihren kritischen Fragen zur Bibel und weichen ihnen nach Möglichkeit aus. „Was glauben Sie, was mich die Kinder alles fragen, wenn ich ihnen aus der Bibel erzähle? Und ich kann ihnen keine Antwort geben!" So hört man Eltern nicht selten klagen. Offenbar ist dies die Angst vieler Eltern: Sie sehen sich überfordert durch Geschichten, die ihnen rational nicht erklärbar sind und fürchten, über ihren eigenen Glauben Rechenschaft ablegen zu müssen.[6]

(4) Die Bibel ist ein „autoritäres" Buch.

Befremdlich aber wirkt die Bibel vor allem durch ihren Anspruch, Gottes Wort zu vermitteln, als autoritatives Wort, das Gehör und Gehorsam fordert. Viele Pädagogen haben daher die Sorge, daß der frühe Umgang mit der Bibel - bzw. mit einzelnen Geschichten der Bibel - den Kindern Angst einflößt und sie in ihrer Entwicklung und Selbstentfaltung eher hemmt als fördert.[7]

(5) Die Bibel ist ein „Buch".

Aber das größte Hindernis im Umgang mit der Bibel ist für viele die Tatsache, daß uns das Wort Gottes nur in geschriebener Form überliefert ist. Dies ist inzwischen für viele Kinder und Jugendliche zu einem ernsthaften Problem geworden. Die Vielfalt der visuellen und audiovisuellen Medien, denen Kinder und Jugendliche heute ausgesetzt sind, hat zu vermehrter Leseunlust geführt, die sich auch auf den Text der Bibel bezieht. „So viele Buchstaben und so viel Papier!" klagt ein zwölfjähriger Sonderschüler, als ihm die Bibel vorgelegt wird. „Haben Sie Jesus nicht auf Video oder Kassette?" Seine Frage ist bezeichnend. Jugendliche seines Alters sehen sich häufig überfordert durch „Texte", mit denen sie sich auseinandersetzen sollen. Aber den biblischen Erzähl-„stoff", in Medien verpackt, konsumieren sie in allen möglichen und unmöglichen Varianten.[8]

Das sind, in groben Umrissen skizziert, die Schwierigkeiten, auf die wir heute in der Vermittlung biblischer Inhalte stoßen. Sie sind keineswegs überraschend, sondern Teil jener umfassenden Umorientierung unserer Gesellschaft, die häufig mit dem Schlagwort *„nachchristliche Gesellschaft"* charakterisiert wird.[9] Sie ist u.a. gekennzeichnet

- durch ein gebrochenes Verhältnis zur *Geschichte* und somit auch verständlicherweise zu biblischer Geschichte;
- durch die nahezu vollkommene *Säkularisierung* aller Lebensbereiche, also auch der Erziehung, die ihre Wurzeln nicht mehr selbstverständlich in der biblisch-christlichen Tradition hat;
- durch zunehmende *Rationalisierung* aller Vorgänge und die daraus resultierende Vorherrschaft technischer Vernunft gegenüber geschichtlicher Erfahrung, wie sie in den Zeugnissen der Bibel zur Sprache kommt;
- durch die Krise vorgegebener Institutionen und *Autoritäten,* die auch eine Infragestellung der Autorität Gottes, wie sie in der Bibel vorausgesetzt ist, zur Folge hat;

- durch *mediale Beeinflussung,* die in rasantem Maße zugenommen und das Leben und Denken insbesondere von Kindern und Jugendlichen grundlegend verändert hat, was unter anderem zu zunehmender Entfremdung und Hilflosigkeit gegenüber dem Buch der Bücher geführt hat.

2. Ausverkauf der Bibel

Es wäre nun freilich zu einfach, wollten wir uns mit der bloßen Darstellung dieser Entwicklung zufriedengeben. Für alle, die in der religionspädagogischen Praxis stehen, bedeutet sie mehr. Sie enthält eine deutliche Absage an unseren traditionellen Umgang mit der Bibel.
Könnte es sein, daß wir selbst diesen Entfremdungsprozeß gegenüber der Bibel mit ausgelöst haben durch einen einseitigen, mißverständlichen und kontroversen Gebrauch biblischer Texte im Rahmen gemeindlicher und schulischer Praxis? Sei es, daß die Bibel einseitig als *Lehr- und Spruchbuch* des christlichen Glaubens im Unterricht eingesetzt wurde, sei es, daß sie einseitig als *Geschichtenbuch* im Rahmen christlicher Erziehung ihre traditionelle Anwendung fand, sei es, daß sie einseitig als *literarische Quelle* christlicher Theologie verstanden wurde und nur theologisches Grundlagenwissen vermitteln sollte – in jedem Fall war die Bibel „nur als ein Buch“ verstanden, das die existentiellen Fragen der Kinder und Jugendlichen lediglich am Rande zu berühren schien. Daß die Bibel das Wort des Lebens enthält und unser eigenes Lebens betrifft, wurde zwar anhaltend und nachhaltig behauptet. Aber die religionspädagogische Praxis schien diesen Satz immer neu zu widerlegen.
So ist es nur verständlich und logisch, daß die zunehmende Entfremdung gegenüber der Bibel viele Theologen und Religionspädagogen alarmiert und zu einer Neubesinnung auf die Bibel geführt hat. Das „Jahr mit der Bibel“ war ein sichtbares Zeichen solchen Bemühens. Sein Slogan „Mehr als ein Buch“ zeigte an, welch wichtige Intention mit dieser Neubesinnung verfolgt werden sollte. Nicht nur als „Buch“, als dogmatisches Lehrbuch oder erbauliches Erzähl- und Spruchbuch, nicht nur als literarische oder historische Quelle, sondern als „Wort des Lebens“, als lebendiges und gelebtes Wort, sollte die Bibel in unserer Zeit zur Sprache gebracht werden.
Aber so notwendig solche Neubesinnung ist, so befremdlich erscheinen andererseits die Wege, auf denen sie heutzutage faktisch geschieht.

Nach dem Motto „Erlebbarkeit um jeden Preis“ werden Kinderkirchentage, Kindertreffs oder auch Kinderbibelwochen inszeniert. „Bibel-Erlebnis-Ausstellungen“ werden angeregt, „Image-Kampagnen“[10] für die Bibel in die Wege geleitet. Biblische Freizeitparks mit Nachbildungen biblischer Landschaften werden aufgesucht. Und dies alles mit dem erklärten Ziel, die Bibel den säkularen Zeitgenossen, insbesondere den Kindern und Jugendlichen, heute nahezubringen. Dazu kommt ein schier unüberschaubares Angebot von Medien und Materialien auf den Markt. In zahllosen Bildern und Bildfolgen, eine bunter und einladender als die andere, wird Kindern die Welt der Bibel nahegebracht, angefangen bei Comics bis hin zu Bibel-Videos, die die Bibel als „Super-Buch“[11] anpreisen. Alles, was die Bibel „bietet“, soll das Kind „nacherleben“, im Bild, im Buch oder sogar „live“.
Dabei wird man allerdings den Verdacht nicht los, daß diese Fülle letztlich nur Ausdruck einer großen Verlegenheit ist. Könnte es sein, daß wir in unserem Bemühen um die Bibel selbst gar nicht mehr auf die Botschaft der Bibel hören, daß wir mit unseren Aktionen und Aktivitäten ihre Botschaft an uns eher übertönen als hörbar machen? In unserem Eifer um das Haus der Bibel haben wir sie längst in einen Supermarkt verwandelt, in dem alles nach Wunsch zu haben ist. Nach der Devise: „Hauptsache, es gefällt!“ bieten wir unseren Kindern und Jugendlichen den Stoff der Bibel zum Ausverkauf feil. Dabei werden oft auch gravierende sachliche Akzentverschiebungen in Kauf genommen.
In diesem Zusammenhang zeichnen sich verschiedene Trends ab, die uns nachdenklich stimmen sollten:

(1) Der Trend zur Verfremdung bzw. „Modernisierung“ biblischer Inhalte

In der Absicht, die Bibel von dem Image eines alten, verstaubten Buches zu befreien, werden biblische Aussagen, die für den säkularen Menschen schwer nachvollziehbar sind, durch andere ersetzt. So etwa, wenn in einem biblischen Erzählbuch die Geschichte Abrahams (1. Mose 12,1ff) nicht mehr mit Gottes Ruf an Abraham beginnt, sondern mit Abrahams eigenmächtigem Aufbruch, nachdem er zuvor im Haus seines Vaters mächtig Krach geschlagen hat.[12]
Bei solcher Veränderung biblischer Aussagen fragt man sich allerdings, ob sie dem Jugendlichen heute die Bibel näherbringen kann, oder ob sie nicht das Gegenteil erreicht. Indem sie die originalen Aussagen der Bibel revidiert, erklärt sie diese unausgesprochen für überholt und antiquiert.

(2) Der Trend zur Verharmlosung bzw. Verniedlichung biblischer Zeugnisse

In dem Bemühen, die Fremdheit der Bibel zu überwinden und Kindern die Menschen der Bibel nahezubringen, werden diese häufig so kindlich-harmlos oder irreal-skurril vorgestellt, daß sie eher der Phantasie- oder Spielzeugwelt anzugehören scheinen als der realen Welt, in der die Kinder leben.[13] Damit wird aber wiederum das Gegenteil erreicht. Die realistische Geschichte der Bibel wird nicht als Realität begriffen, sondern eher als „Spielwiese", auf der Kinder sich nach Belieben tummeln können.

(3) Der Trend zur Verkürzung bzw. Beschneidung biblischer Texte

In dem verständlichen Bemühen, Kindern alle Stolpersteine aus dem Weg zu räumen, die sie in ihrem kindlichen Glauben irritieren könnten, werden biblische Texte häufig so stark beschnitten, daß alle vermeintlich anstößigen Aussagen über Gott und die Menschen ausgeklammert werden.[14] Daraus ergeben sich allerdings gravierende inhaltliche Verschiebungen. Es entsteht zudem der fatale Eindruck, daß die biblischen Textaussagen beliebig relativiert oder nach Bedarf manipuliert werden könnten. Anstatt, wie beabsichtigt, Vertrauen in die Bibel und in Gottes Handeln zu wecken, kann solches Vorgehen am Ende dazu führen, daß Jugendliche mit wachsenden Jahren ihr Vertrauen in die Bibel endgültig verlieren.

(4) Der Trend zur Trivialisierung biblisch-theologischer Aussagen

In dem Bemühen, Gott dem jungen Menschen angstfrei nahezubringen, wird mancherorts ein Gottesbild gezeichnet, das nicht nur menschliche, sondern auch unkonventionelle und oft geradezu antiautoritäre Züge trägt. Gott erscheint – sei es in Filmen, sei es in satirisch gefärbten Bibelgeschichten – als der große Kumpel und Boß, plump, derb oder auch sexy, je nach Wunsch, ein Gott jedenfalls, der weder Ehrfurcht noch Vertrauen verdient, ein Gott ohne Geheimnisse, über den man schmunzeln und sich amüsieren kann, der nur vorgibt, Gott zu sein, in Wahrheit aber schon längst aufgehört hat zu existieren.[15]

Wer so „frechfrommfröhlichfrei hemdsärmelig"[16] von Gott erzählt, dürfte bei seinen Lesern wohl kaum „einen neuen Weg zur Bibel" eröffnen, wie es der Buchumschlag einer bekannten biblischen Satire verspricht. Er wird bei seinen vorwiegend jugendlichen Lesern wohl eher den Eindruck hinterlassen, daß der Gott der Bibel endgültig „verspielt" hat.

(5) Der Trend zur Vermarktung biblischer Stoffe

In dem Interesse, Kinder und Jugendliche mit spannender Unterhaltung zu versorgen, werden neuerdings viele Geschichten der Bibel neu „aufbereitet“ und – um sie noch interessanter zu machen – mit hinzugedichteter Handlung angereichert. Dabei interessiert nur der Erzähl-„stoff“, nicht aber die Botschaft biblischer Geschichten. Diese werden vielmehr vorwiegend danach beurteilt, ob sie sich verkaufen lassen und ob sie dem anspruchsvollen Konsumenten genügend Unterhaltung bieten. Aus dieser neuen Form von „Bibel-Recycling“ ist inzwischen schon eine Reihe von Bibel-Filmen hervorgegangen, die oft die biblischen Geschichten in pure Abenteuer- und Heldengeschichten oder in banale Unterhaltungsgeschichten verwandelt haben.[17] Jugendliche, die derartige Filme oft unkritisch konsumieren – etwa Filme über Noah, Mose, Simson, David, Salomo und viele andere mehr –, glauben sich in der Welt der Bibel zu befinden. In Wahrheit aber wird ihnen durch derartige Filme der Zugang zur Botschaft der Bibel eher verstellt als erschlossen.

Die Auswirkung der genannten Trends liegt auf der Hand. Letzten Endes führen sie alle zu einem wachsenden Wirklichkeits-, Wahrheits- und Autoritätsverlust biblischer Aussagen. Unbemerkt nisten sich die „tausend Welten“, in denen wir leben, in der Welt der Bibel ein. Unauffällig wird die Botschaft des einen Gottes durch andere Botschaften verwischt. Und am Ende stellen wir erschrocken fest: Nicht nur Ablehnung und Unkenntnis haben in unserer Zeit zu dem rasanten Autoritätsschwund der Bibel geführt, sondern jene unkontrollierte Überaktivität, die die Autorität der Bibel zunehmend aushöhlt.

Scharfsichtig hat der Dichter und Theologe Manfred Hausmann schon vor 20 Jahren vor solcher Gefahr gewarnt:

> „Heutzutage bemühen sich alle möglichen Leute mit allen möglichen und unmöglichen Mitteln, die Bibel aktuell zu machen und sie den Bedürfnissen des modernen Menschen anzupassen. Als ob erstens die Bibel eine solche künstliche Aktualisierung nötig hätte! Das Wort Gottes, wie es uns in der Bibel begegnet. . ., ist immer höchst aktuell gewesen und ist es heute erst recht. Vorausgesetzt, daß man es sich nicht zurechtlegt, sondern es auslegt. Daß man es sich nicht bequem mit ihm, sondern schwer macht. Und daß man nicht darum herum geht, sondern mitten hineingeht. Und als ob es zweitens möglich wäre, die Bibel den Bedürfnissen und Fähigkeiten des Menschen und nun gar des modernen Menschen anzupassen. Das Wort Gottes paßt sich nicht an, sondern schlägt zu. . .“[18]

Unter dieser Voraussetzung – nur unter dieser! – lohnt es sich, neu darüber nachzudenken, ob und inwiefern die Bibel für Kinder und Jugendliche heute von Bedeutung ist, ob sie von ihnen als das vernommen werden kann, was sie ursprünglich ist: wahres, wirkliches und autoritatives Wort – Gottes Wort, das im Menschenwort zu uns spricht. Dabei soll uns der Satz des jüdischen Theologen Martin Buber leiten:

> „Wir glauben, daß dem Wort, das in der Bibel Schrift geworden ist, jede Zeit, die unsere so gut wie irgendeine vergangene, fremd, fern und feindlich gegenüberliegt, daß aber dieses Wort in jeder Zeit die Kraft bewahrt, die ihm Hörigen zu ergreifen."[19]

3. Neues Fragen nach der Botschaft der Bibel

Wer heute als Pädagoge mit Kindern und Jugendlichen arbeitet, kann allerdings noch eine andere, höchst erstaunliche Beobachtung machen: Fast gegenläufig zu jenem soeben beschriebenen Entfremdungsprozeß bricht ein neues Suchen und Fragen auf, ausgerechnet dort, wo wir es am wenigsten vermuten. Junge Menschen, die bisher kaum mit der Botschaft der Bibel in Berührung gekommen sind, fangen an, nach dem Sinn ihres Lebens zu fragen. Sie fragen nach einer Perspektive für ihre Zukunft, nach verläßlicher Orientierung und vor allem nach einer Botschaft, die ihnen Hoffnung gibt. Sie fragen und suchen um so dringlicher, je mehr sie an den überkommenen Werten zweifeln, je mehr ihre eigene Zukunft fraglich scheint und sich die Beziehungen, in denen sie leben, als brüchig erweisen. Viele von ihnen haben das Vertrauen in die Welt der Erwachsenen verloren. Sie wollen sich von ihnen weder mit materiellen Gaben abspeisen lassen noch durch Unterhaltungsangebote zerstreut werden. Was sie vielmehr von ihnen fordern, sind glaubwürdige Antworten auf ihre ureigenen existentiellen Fragen. Was sie suchen, ist ein verläßliches Gegenüber, das ihnen Orientierung gibt in einer Welt, in der sie sich kaum noch zurechtfinden. Sie sehnen sich nach einer Botschaft, die sie nicht wieder enttäuscht und die es wert ist, in der Fülle von belanglosen Botschaften und Informationen gehört zu werden.
In diesem Kontext wacht auch ein neues Fragen nach der Botschaft der Bibel auf. Es grenzt daher an Zynismus, wenn diesen jungen Menschen die biblische Geschichte nur als Lern- oder Unterhaltungsstoff vermittelt wird. Mit Recht stößt solches Vorgehen bei vielen – trotz attraktiver

Aufmachung – auf Ablehnung und wird als Rattenfängerei entlarvt. Aber dieselben Jugendlichen lassen sich offen und engagiert auf eine Auseinandersetzung mit der Bibel ein, sofern sie darin ihre eigenen Fragen wiedererkennen. Man spürt es ihnen ab, daß es ihnen existentiell um ihr Leben und um ihre Zukunft geht, wenn sie nach der Botschaft der Bibel fragen.
Eigene Beobachtungen und Erfahrungen im Rahmen der Jugendhilfe bestätigen dies auf vielfache Weise. Oft tragen die Kinder und Jugendlichen ihre Fragen nur verschlüsselt vor. Nicht selten verbergen sie diese sogar unter lautstarkem Protest. Und manches deutet sich auch nur – wortlos – durch vielsagende Mimik und Gestik an. Aber immer geht es ihnen dabei ums „Ganze", um „alles oder nichts".[20]

Im folgenden werden drei repräsentative Fragesituationen vorgestellt. An ihnen soll deutlich werden, wonach uns diese Kinder und Jugendlichen heute konkret fragen und wo und wie wir ihnen Rechenschaft schuldig sind.

Die erste beschriebene Situation ist dem eigenen Tätigkeitsbereich der Jugendhilfe entnommen: Im Konfirmandenunterricht mit 14-16jährigen Jugendlichen sprechen wir über das Danken. Gemeinsam stimmen wir das Lied an: „Danke für diesen guten Morgen. . ." Aber ein Junge schweigt beharrlich. Nach dem Singen stellt er mich zur Rede. Er zeigt empört auf das Lied. „Was lassen Sie uns da singen? ‚Danke für meine Arbeitsstelle. . .! Danke für alles Frohe, Helle. . .' Aber wie, wenn ich nächstes Jahr aus der Schule entlassen werde und keine Lehrstelle bekomme? Was dann? Und wenn ich demnächst Vater werde, was soll ich später meinem Kind sagen, das ich in die Welt setzen werde? Soll ich ihm sagen: ‚Dank deinem Vater! Dank ihm für dieses bescheuerte Leben'?"
Ist es nur Unmut und Protest, den der Jugendliche hier herausläßt? Oder verbirgt sich hinter seinem Protest die existentielle Frage: Was kommt auf mich zu? Wer sagt mir, „wo es lang geht"? Wir sind gefragt, ob wir eine Botschaft haben, die diesem Jugendlichen Hoffnung zuspricht, eine Hoffnung, die nicht enttäuscht.

Die zweite Situation beschreibt der Jenaer Theologieprofessor Klaus-Peter Hertzsch in seinem Aufsatz „Zeit für die Bibel".[21] Hertzsch berichtet von einer denkwürdigen Begegnung in der Eremitage, der Gemäldegalerie von St. Petersburg. Dort trifft er eine russische Schulklas-

se, die andächtig ein bekanntes Bild von Rembrandt betrachtet. Das Bild zeigt den verlorenen Sohn, der heimkehrt zu seinem Vater und den der Vater in seine Arme schließt und mit dem Mantel seiner Liebe umhüllt. Aufmerksam lauschen die Schüler, als ihnen die Lehrerin – selbst keine Christin – die Geschichte vom verlorenen Sohn erzählt (Lk 15,11ff). Offenbar haben sie diese Geschichte noch nie gehört.
Ist es nur Neugier, die diese atheistisch erzogenen Kinder so aufmerksam zuhören läßt? Ist es nur die spannende Geschichte, die sie interessiert? Oder verbirgt sich dahinter mehr? Die Sehnsucht nach dem verlorenen Vater in einer „vaterlosen Gesellschaft“, die Sehnsucht nach einer verlorenen Beziehung ?
Wir haben Kindern mehr zu vermitteln als nur irgendwelche angeblich alten Geschichten aus der Bibel. Wir dürfen ihnen von dem Vater erzählen, der auf seine verlorenen Söhne und Töchter wartet, um sie in den Mantel seiner Liebe zu hüllen.

Die dritte Situation beschreibt der brasilianische Journalist Gilberto Dimenstein in seinem Buch „Krieg der Kinder“, einer erschütternden Dokumentation über die Straßenkinder von Brasilien.[22] Bei seinen Recherchen unter den Straßenkindern begegnet er eines Tages einem kleinen Mädchen, das seit Jahren als Kinderprostituierte mißbraucht worden ist. Das Mädchen klammert sich an den Journalisten, schaut ihn bittend an und fragt ihn: „Kann ich nicht noch einmal geboren werden?“
Nur eine einzige Frage stellt dieses Kind. Aber in dieser einen Frage scheint sich die verzweifelte Frage vieler Kinder und Jugendlicher zu verdichten. Gibt es eine Botschaft der Hoffnung für diese Kinder? Können wir ihnen durch die Botschaft der Bibel diese Hoffnung vermitteln, Hoffnung auf grundlegende Erneuerung der Welt und Menschheit?

Wir stellen fest: Es sind die unbequemen Fragen der jungen Generation, wo immer wir ihnen begegnen, die uns wieder ganz neu nach den Grundlagen unserer Glaubens und unserer Hoffnung fragen lassen. Wir haben nicht den Auftrag, ihnen die Bibel wieder schmackhaft zu machen. Aber wir sind herausgefordert, ihnen Rechenschaft zu geben, „Rechenschaft über die Hoffnung“, die in uns ist (1. Petr 3,15). Mehr noch: Wir haben den Auftrag, die Botschaft der Bibel als eine befreiende Botschaft, als Botschaft der Hoffnung für unsere Welt neu zu entdekken. In diesem Sinne ist es allerdings heute – mehr als je zuvor – „Zeit für die Bibel“, wie es Klaus-Peter Hertzsch formuliert hat. Denn:

„Wo wir erkennen, daß wir auf die Grundfragen zurückgeworfen sind, brauchen wir offenbar ein Buch, das am Urgrund der Geschichte und der Wirklichkeit angesiedelt ist. Wenn wir wieder an den Anfängen des Nachdenkens stehen, weil vieles, was bislang selbstverständlich war, es heute nicht mehr ist, brauchen wir ein Buch, das an den Ursprüngen der Welt und der Geschichte sein Nachdenken einsetzen läßt und das durch die Geschichte hindurch die Menschheit begleitet hat, ohne jemals überholt zu sein.“[23]

II. Die Botschaft der Bibel – Entdeckungen

Was zeichnet eigentlich die Bibel vor anderen Büchern aus? Worin liegt ihre bleibende Aktualität begründet? Wir selber sind gefragt. Unsere Aufgabe ist es, die Bibel für uns selbst wieder neu zu entdecken. Dabei kann es nicht darum gehen, daß wir nur einzelne Botschaften aus der Bibel herausziehen und sie, losgelöst von ihrem Zusammenhang, aktualisieren. Es geht vielmehr um die eine, umfassende Botschaft, die in den vielen verschiedenen Zeugnissen der Bibel vielstimmig anklingt. Ihr sollen wir uns stellen und ihr neu begegnen, so als hörten wir sie zum ersten Mal. Dies ist allerdings nur möglich, sofern wir die Bibel ausreden lassen und ihr nicht gleich ins Wort fallen. Dabei können wir eine ebenso simple wie erstaunliche Entdeckung machen: Die Bibel will nicht primär eine bestimmte Lehre über Gott und den Menschen vermitteln, sondern die Bibel *erzählt.* Sie erzählt die wechselvolle Geschichte der Menschheit, die umgriffen ist von Gottes Geschichte mit der Welt. Sie beginnt mit der Erschaffung der Welt und ist bis heute noch nicht abgeschlossen.

In dieser Spannung von menschlicher und göttlicher Geschichte liegt die Einzigartigkeit biblischer Botschaft begründet. Als solche ist sie zugleich vergangen und gegenwärtig, vielschichtig und eindeutig, einmalig und immer wiederkehrend, konkret und transparent.[24]

Diese göttlich-menschliche Geschichte wird in der Bibel unter verschiedenen Aspekten entfaltet:

1. Der Weg der Menschen

Vielschichtig und bunt stellt sich in der Bibel die Geschichte der Menschen dar. Wir hören von den Freuden und Leiden der Menschen, von Hoffnungen und Ängsten, von ihren vielfältigen Erfahrungen in verschiedenen Epochen und in unterschiedlichen Situationen. Aber diese einzelnen Erfahrungen fügen sich alle zu einer großen zusammenhängenden Geschichte zusammen. Es ist die dramatische Geschichte des Menschen, der sich mehr und mehr von Gott gelöst hat.

Schon auf den ersten Seiten der Bibel setzt diese Geschichte ein: Der Mensch reißt sich von Gott los. Er geht seine eigenen Wege. Ein tiefer Riß zeichnet sich ab zwischen Gott und Mensch, zwischen Mann und

Frau, zwischen Bruder und Bruder. Der Mensch kann die unheilvolle Entwicklung, die er selbst ausgelöst hat, nicht mehr aufhalten. In drastischem Realismus führt uns die Bibel die fatalen Folgen menschlicher Entfremdung von Gott vor Augen. Da werden Menschen verfolgt (Kain), verstoßen (Hagar), als Ware verkauft und verführt (Josef) und sogar massenweise vernichtet (Israel in Ägypten). Da wird getrickst, geschoben und gelogen (Jakob) – eine Kette menschlicher Verstrickung in Schuld und Leid. Ständig ist jemand auf der Flucht: Kain, Jakob, Mose und später auch David. Ständig ist jemand unterwegs – „verlorene Söhne“ und Töchter auf der Suche nach der verlorenen Heimat.
Das ist in groben Umrissen die Geschichte, die uns die Bibel erzählt. Ohne Beschönigung zeigt sie uns die wahrhaft hoffnungslose Situation der Menschheit, die sich von Gott entfernt hat – eine Geschichte voller Unrast und Sehnsucht, voller Rätsel und Fragen. In ihr klingt die eine grundlegende Frage vielfach und immer wieder neu an: Kann es einen Neuanfang geben? Kann der Mensch wirklich „noch einmal neu geboren“ werden?
So real, so unmittelbar werden wir mit dieser Geschichte konfrontiert, daß wir uns ihr nicht entziehen können. Betroffen entdecken wir, daß dies nicht nur eine uralte Geschichte ist, sondern unsere gegenwärtige Geschichte in ihrer globalen Verkettung von Schuld und Leid. Wie in einem Spiegel erkenne ich in ihr meine eigene Geschichte wieder. Diese Geschichte greift nach mir. Sie stellt mich und deckt mir mein menschliches Elend im Licht Gottes auf.
Aber vielleicht haben wir uns schon so an diese Geschichte gewöhnt, daß sie uns gar nicht mehr provozieren kann, daß wir ihre besondere Botschaft nicht mehr vernehmen. Erst die erschrockenen existentiellen Fragen, die uns die jüngere Generation stellt, lassen uns wieder ahnen, wie aktuell und real diese Geschichte für uns ist, insbesondere für jene jungen Menschen, die heute ehrlich und unerbittlich nach den tieferen Gründen menschlichen Elends forschen. Sie begegnen dieser realistischen Geschichte der Bibel mit erstaunlicher Offenheit. „Das ist ja wie bei mir zu Hause!“ So kommentiert ein 15jähriger Jugendlicher die Familientragödie um Josef. Und ein 16jähriges Mädchen, Mutter eines Kindes und Opfer eines gewaltsamen Verbrechens, ergänzt empört: „So eine mistige Geschichte!“ Sie hat in der Josefsgeschichte ein Stück ihrer eigenen Lebensgeschichte wiederentdeckt.
Darum geht es also, wenn ich diese Geschichte heute höre: daß ich mich selbst in ihr wiedererkenne, als verlorener Mensch, der die Verbindung

zum „Vater“ verloren hat. Und so soll ich diese Geschichte auch lesen, daß ich im Lesen entdecke:

> „Das ist wahr, so geht es zu, der weiß Bescheid. . . Dieser Text meint mich. Hier redet einer zu mir, der mich kennt und mich meint, hier redet Gott mich an.“
>
> K.P. Hertzsch[25]

2. Der Weg Gottes mit den Menschen

„Hier redet Gott mich an!“ Das ist die unerhörte Botschaft, die sich wie ein roter Faden durch die biblischen Geschichten zieht. Mitten durch die verworrene und bewegte Menschengeschichte hindurch entdecken wir Gottes verborgene und offenbare Geschichte. Staunend vernehmen wir: Gott überläßt die Menschen nicht sich selbst. Er läßt sie nicht orientierungslos und beziehungslos ihre eigenen Wege gehen. Er greift in ihre Geschichte ein. Aus freien Stücken macht er sich auf den Weg, verläßt seine göttliche Welt und kommt in die Welt des Menschen hinein. Er geht den Menschen nach. Er begleitet sie auf ihren Wegen und Irrwegen und wagt immer neue Anfänge mit ihnen – eine Kette von göttlichen Neuanfängen inmitten menschlicher Tragödien.

Schon gleich im *1. Mosebuch* wird uns von einem tiefgreifenden Neuanfang Gottes erzählt: Die Menschheit hat sich in alle Länder zerstreut und sich selbst um ihre Zukunft gebracht. Aber Gott kommt zu den Menschen. Er spricht einen einzelnen an: Abraham. Er verheißt ihm: „Ich will dich zum großen Volk machen.“ Mit ihm und seinen Nachkommen beginnt eine neue Hoffnungsgeschichte (1. Mose 12ff).

Auch am Anfang des *2. Mosebuches* wird uns eine wahrhaft hoffnungslose Situation beschrieben. Das Volk Israel lebt versklavt in Ägypten, ein Volk ohne Zukunft und Hoffnung. Aber mitten in diese verzweifelte Situation hinein wird die Geschichte von der Geburt und Rettung Moses erzählt, die Geschichte eines verborgenen Neuanfangs durch Gott (2. Mose 1ff).

Ähnlich wird uns auch am Anfang des *1. Samuelbuches* von dem trostlosen Zustand Israels erzählt. Aber gleichzeitig hören wir von der Geburt Samuels und wenig später von der Erwählung des jungen David. Durch sie kommt Gott seinem Volk aufs neue nah (1. Sam 1-3).

Und von einer ähnlich verzweifelten Situation weiß auch der Anfang des *Matthäusevangeliums* zu erzählen: Ein König, Herodes, hält das

Volk in Furcht und Schrecken. Aber gleichzeitig wird von einem „neuen König“ erzählt (Mt 1-2). Seine Geburt wird als Erfüllung alttestamentlicher Hoffnung und zugleich als neue Verheißung Gottes verstanden. Durch ihn wird Gott die Menschheit erneuern. Denn „er wird sein Volk retten von ihren Sünden“ (Mt 1,21).
In dieser langen, fortlaufenden Geschichte wird der Weg offenbar, den Gott mit seinen Menschen geht. Es ist wahrhaftig kein geradliniger Weg, aber der einzige Weg, der aus dem Tod zum Leben führt, der über alle Abbrüche und Krisen hinweg bestimmt ist durch Gottes schöpferisches Wort, das aus dem Nichts neues Leben schafft (Röm 4,17b). Dieser Weg führt nicht etwa stetig nach oben, sondern immer weiter in die Tiefen des Menschseins hinein. Es ist der Weg des Vaters, der seinen „verlorenen Kindern“ nachgeht, der in ihr Elend hineinkommt, in ihre Unerlöstheit und in ihre schuldhafte Verstrickung; der Weg, der gekennzeichnet ist durch den langen Atem seiner väterlichen Liebe, die sich am äußersten Tiefpunkt, im Kreuzestod seines Sohnes, offenbart. Diese Liebe ist auch dort im Verborgenen gegenwärtig, wo wir nur Dunkel und Rätselhaftigkeit erkennen können. Selbst in Geschichten, in denen wir nur Gottes Zorn oder Willkür zu erkennen meinen, ist diese Liebe gegenwärtig, auch in jener rätselhaften Geschichte von Isaaks Opfergang (1. Mose 22). „Das ist meine Lieblingsgeschichte!“ rief eine 13jährige im Konfirmandenunterricht spontan aus, als sie diese Geschichte entdeckte. Und auf meine erstaunte Frage, warum sie ausgerechnet diese Geschichte zu ihrer Lieblingsgeschichte auserkoren habe, antwortete sie prompt: „Weil sie so gut ausgeht!“
Wie recht dieses Mädchen hat! Vom Ende her will diese Geschichte gelesen und begriffen werden, von dem Wort Gottes aus, das am Ende der Geschichte steht, von seinem göttlichen Versprechen:

> „Ich will dein Geschlecht segnen, und durch dein Geschlecht sollen alle Völker auf Erden gesegnet werden.“ 1. Mose 22,17f

Vom Ende her will sie gelesen sein – nicht nur diese eine Geschichte, sondern die ganze Geschichte Gottes mit seinen Menschen, von Gottes end-gültigem Wort, das in Jesus Christus Gestalt angenommen und unter uns Menschen gewohnt hat. In ihm offenbart sich Gottes väterliche Liebe, die Zeiten und Welten umfaßt. Durch ihn vernehmen wir die befreiende Botschaft Gottes, die – in Abwandlung des oben zitierten Verses – lautet:

> „Mir ist’s nicht um tausend Welten, sondern um dich, Mensch, zu tun!“

Das ist der kostbare „Schatz“, den uns die Bibel entdeckt. Das ist die Botschaft, die es weiterzusagen gilt, allen, die ohne Hoffnung leben.

3. Der Weg der Zeugen Gottes

Die Geschichte Gottes soll weitergesagt werden - nicht erst durch uns, sondern durch jene, die selbst unmittelbar in dieser Geschichte stehen, durch Menschen, denen Gott begegnet ist, zu denen er durch sein Wort gesprochen hat, die er ausgewählt hat, daß sie seine Zeugen sein sollen, Zeugen Gottes in einer Welt ohne Gott, Botschafter der Hoffnung unter Menschen, die ohne Hoffnung dahinleben.
So betrachtet zeigt sich die Geschichte der Bibel im besonderen als Geschichte der Zeugen Gottes, als die Geschichte seines *„auserwählten Volkes“*, d.h. des Volkes, das Gott aus den Völkern ausgewählt und herausgerufen hat, damit es sein Zeuge unter den Völkern sei. Was dieses Volk mit Gott erfahren hat, die „mächtigen Taten“, die Gott unter ihnen getan hat und immer neu tut, soll es rühmend bekennen, nicht nur im Rahmen seiner Gottesdienste, sondern ebenso im Gottesdienst seines ganzen Lebens, im konkreten Gehorsam gegen Gottes Gebote. Und es soll seine mächtigen Taten weitererzählen von Generation zu Generation, damit nie vergessen werde, was Gott an ihnen getan hat, damit die Hoffnung unter den Menschen nicht erlischt und sie lernen, auf Gott allein zu hoffen (Ps 78,5ff).

> „Ihr sollt mein Eigentum sein vor allen Völkern; denn die ganze Erde ist mein. Und ihr sollt mir ein Königreich von Priestern und ein heiliges Volk sein.“
> 2. Mose 19,5f

Mit diesen feierlichen Worten wird das Volk Israel am Sinai als erwähltes Volk in seinen besonderen Zeugnisauftrag eingesetzt. Und dennoch beschränkt sich die Geschichte der Zeugen Gottes nicht nur auf die Geschichte dieses Volkes im engeren Sinn, sondern reicht weit darüber hinaus. Sie beginnt bereits mit dem Ruf Gottes an Abraham: „Geh aus deinem Vaterland. . . Ich will dich zum großen Volk machen“ (1. Mose 12,1f). Und sie geschieht überall dort, wo Menschen sich von Gottes Wort auf den Weg rufen lassen: Jakob, Josef, Mose und das Volk Israel auf dem Weg durch die Wüste – bis hin zu jenen Zeugen des Neuen Testaments, die von Jesus in die Nachfolge gerufen werden: die Jünger, die Apostel, Paulus und die vielen anderen Christen. Sie lassen sich von Je-

sus „in alle Welt“ aussenden (Mk 16,15) und sind die „auserwählten Zeugen“ Gottes in ihrer Welt, die lebendige Antwort auf Gottes vorauslaufendes Wort, Boten der einen Botschaft, die sie bis an die „Enden der Erde tragen“ (Apg 1,8). Sie sind das „wandernde Gottesvolk“, das durch die Zeiten geht und bis heute noch unterwegs ist.
Sehen wir auf diese Zeugnis- bzw. Glaubensgeschichte, so eröffnet sich uns von hier aus ein neuer Zugang zur Bibel, der uns verwehrt, die Bibel „nur als ein Buch“ zu betrachten. Statt dessen sind wir eingeladen, die Botschaft biblischer Zeugen als Gottes Botschaft an uns zu vernehmen und selbst dem Weg zu folgen, den die biblischen Zeugen uns vorangegangen sind.

III. Zugänge zur Bibel – Wegerfahrungen

Was wir selber durch die biblischen Zeugen erfahren haben, wollen wir nicht für uns behalten, sondern an andere weitergeben, an Menschen, die uns danach fragen, insbesondere an junge Menschen, die selber „auf dem Weg“, auf der Suche nach Orientierung sind. Aber hier stoßen wir auf ein neues Problem. Wie können wir die Botschaft der Bibel für sie erschließen, da ihnen doch der Zugang zur Bibel von vornherein verschlossen ist, und da sie, wie wir feststellten, „Welten“ von diesem Buch trennen. Oder anders gefragt: Wo können wir einen Zugang erschließen, der es ihnen überhaupt möglich macht, sich gegenüber der Bibel zu öffnen, und der sie bereit macht, auf ihre Botschaft zu hören?
Dies ist die grundlegende didaktische Frage, der wir uns heute stellen müssen. Von ihrer Beantwortung hängt sehr viel ab: ob die Jugendlichen nach und nach Vertrauen zur Botschaft der Bibel fassen können oder ob sie ihnen ein für allemal verschlossen bleibt. Da wir davon ausgehen, daß die Botschaft der Bibel junge Menschen in ihrer existentiellen Suche nach Orientierung und Sinnfindung weit mehr betrifft, als sie selbst vermuten, tragen wir diesbezüglich eine große Verantwortung. Zwar trauen wir dem Geist Gottes zu, daß er gegen alle menschliche Erwartung Mittel und Wege findet, Menschen für Gottes Wort zu öffnen, aber dies entlastet uns nicht von unserer Verantwortung, ihnen dabei die nötige Hilfestellung zu geben. Es ist unser Ziel, den Kindern und Jugendlichen Räume zu erschließen, in denen sie eigene Erfahrungen mit der Bibel und ihrer Botschaft machen können. Und es ist unsere Aufgabe, sie in ihrem eigenen Reife-und Wachstumsprozeß konstant zu begleiten. Aber was heißt das konkret?
In diesem Zusammenhang empfiehlt es sich, zunächst auf eigene Erfahrungen zurückzuschauen und zu fragen: Durch wen und wodurch wurde uns selber der Zugang zur Bibel erschlossen? Welche elementaren Erfahrungen waren für unseren eigenen Wachstumsprozeß bestimmend? Auch wenn sich diese Erfahrungen nicht einfach auf die heutige Situation übertragen lassen, so sind sie doch als Anfrage an unsere eigene Praxis biblischer Unterweisung zu verstehen. Könnte es sein, daß wir unseren Kindern und Jugendlichen dadurch den Zugang zu biblischer Botschaft erschweren, daß wir ihnen eigene Erfahrungen mit der Bibel vorenthalten?

Im folgenden sollen diese Fragen anhand von drei biographischen Erfahrungen erörtert und konkretisiert werden:

1. Vertrauen

Eine meiner ersten Begegnungen mit biblischer Geschichte reicht ins 5. Lebensjahr zurück. Es war früh am Morgen. Ich war mit meiner Mutter zu Fuß auf dem Weg ins Nachbardorf. Noch war es dunkel. Aber am Horizont leuchtete schon die Morgenröte auf. Da erzählte meine Mutter die Geschichte von Jakob, der am Fluß Jabbok eine ganze Nacht lang mit Gott kämpfte, „bis die Morgenröte anbrach" (1. Mose 32,25). Und sie erzählte, wie Jakob sich an Gott klammerte und ihn bat: „Ich lasse dich nicht, du segnest mich denn" (V. 27). Dabei hielt sie ihr Kind ganz fest an der Hand. So gingen beide, Mutter und Kind, in der Morgendämmerung einem neuen Tag entgegen.
Eine ungewöhnliche Geschichte in einer ungewöhnlichen Situation! Und doch wurde diese Geschichte wegweisend für mich. Ich war einem dunklen und unheimlichen Geschehen ausgesetzt. Aber im Schein der Morgenröte hatte es alle Schrecken und Schatten verloren. Der fremde und übermächtige Unbekannte, von dem die Mutter erzählte, erschien mir nicht mehr unheimlich. An der Hand der Mutter faßte ich Vertrauen zu diesem unbekannten, unsichtbaren Gott. Die Hand der Mutter gab Gewißheit. Sie führte mich an ein Geheimnis heran, das ich bis heute nicht mit dem Verstand begreifen kann, das Geheimnis Gottes, der seinen Menschen so unbegreiflich nahekommt.
Es steht hier nicht zur Debatte, ob diese Geschichte für ein vierjähriges Kind glücklich gewählt war. Bedeutsamer erscheint mir die Tatsache, daß die Erzählung in eine Atmosphäre des *Vertrauens* eingebettet war, die Offenheit für neue Erfahrungen schuf. Wo immer solch eine Atmosphäre des Vertrauens herrscht, wo, im Bild gesprochen, eine Hand da ist, der sich das Kind anvertrauen kann, da kann der unsichtbare Gott konkret erfahren werden. Da kann Vertrauen in Gottes Wort im Verborgenen wachsen.[26]

2. Ehrfurcht

Eine zweite Erfahrung mit der Bibel reicht in die späte Kindheit zurück. In der Familie, in der ich aufwuchs, war es damals noch üblich, den Kindern viele Geschichten zu erzählen. Biblische Erzählungen nahmen dabei eine Sonderstellung ein. Um den Abend zu verlängern, bat ich regelmäßig darum, mir noch eine Gutenachtgeschichte zu erzählen. Und um

sicherzugehen, daß mir der Wunsch nicht abgeschlagen würde, bat ich meist um eine „biblische Geschichte". Viel versprach ich mir allerdings nicht davon, nur ein wenig Zeitvertreib. Dabei war es mir ganz gleichgültig, wer erzählte und was erzählt wurde. Um so verwunderter war ich, als ich eines Abends den großen Bruder fragte: „Erzählst du mir heute eine Geschichte?" und darauf die Antwort bekam: „Ja, aber dann will ich mich erst noch vorbereiten!" Darauf zog er sich eine Zeitlang zurück, um sich neu mit dem biblischen Text zu befassen. Die Geschichte, die er seiner kleinen Schwester daraufhin erzählte, war weder dramatisch noch raffiniert ausgeschmückt. Aber man spürte ihr ab, daß sie aus der unmittelbaren Begegnung mit Gottes Wort hervorgegangen war.
Damals begann ich zu ahnen, daß die Botschaft der Bibel nicht anders als mit *Ehrfurcht* erzählt und gehört sein will, mit Ehrfurcht vor dem heiligen Gott, der uns in den Zeugnissen der Schrift selber nahekommt. Seine Nähe duldet keine plumpe Vertraulichkeit, sondern jenes „ehrfürchtige Vertrauen", das der jüdische Theologe Martin Buber als Grundvoraussetzung für den Umgang mit der Bibel bezeichnet hat.[27]
Nicht die Bibel als solche ist als heilig zu verehren, wohl aber der heilige Gott, der aus ihr und durch sie bis heute zu uns spricht. Dies gilt es heute in aller Deutlichkeit festzuhalten, gerade angesichts des zunehmenden Verfalls überkommener Werte. Gerade in einer Gesellschaft „ohne Geheimnisse", in der Enthüllungen an der Tagesordnung sind, in der vieles, was Menschen bisher heilig war, banal und trivial zu werden droht, scheint es wichtig, junge Menschen so an die Bibel heranzuführen, daß in ihr das Wort des heiligen und ewigen Gottes vernommen wird, daß das Geheimnis seiner Geschichte nicht zerredet, sondern mit Ehrfurcht und Staunen gehört wird.
So sehr dies den momentanen Bedürfnissen unserer Kinder und Jugendlichen zu widersprechen scheint, zeigt sich gerade darin deren Wertschätzung und Achtung, daß wir ihnen die Botschaft der Bibel nicht „billig verkaufen", sondern mit ihnen gemeinsam lernen, sie heute als Gottes Wort wertzuachten.

3. Wachsendes Staunen

Die dritte Erfahrung, die hier genannt werden soll, umfaßt einen größeren Zeitraum. Über viele Jahre hinweg besuchte ich den Kindergottesdienst der Gemeinde, zunächst als passive Teilnehmerin, später als Mitarbeiterin. Was an den einzelnen Sonntagen erzählt wurde, ist mir nicht mehr in Erinnerung geblieben, wohl aber der Kindergottesdienst in sei-

ner spezifischen Intention. In ihm wurden wir Kinder in die große Geschichte Gottes eingeführt, wurden auf einen langen Weg gebracht, der immer tiefer in die Bibel hineinführte und eine immer intensivere Auseinandersetzung mit biblischer Geschichte ermöglichte. Das Geheimnis dieses Weges lag in seiner Kontinuität und in der verläßlichen Weggemeinschaft mit vielen anderen, Kindern und Erwachsenen. Mit ihnen gemeinsam war es möglich, in jenen oben beschriebenen Dialog mit biblischen Geschichten und Texten einzutreten und, darin eingebunden, die eigene Auseinandersetzung zu vertiefen und zu fördern. Was anfangs nur lose und oberflächliche Bekanntschaft mit einzelnen biblischen Texten und Themen war, führte auf diesem Weg zu immer tieferer Auseinandersetzung mit den biblischen Zeugnissen und ihrer Botschaft. Mehr und mehr fügten sich die vielen biblischen Themen zu dem einen großen Thema der Bibel - Gottes Weg mit den Menschen - zusammen. Mehr und mehr zeichneten sich die Konturen biblischer Zeugnisse in ihrer Einmaligkeit und Unverwechselbarkeit ab. Mehr und mehr zeigte es sich, daß die biblischen Geschichten uns als Kinder und Jugendliche auf einen Weg gebracht hatten, der durch *wachsendes Staunen* bestimmt war. Sie bildeten das Kontinuum in einem langen Wachstums-und Reifungsprozeß, der weit über das Jugendalter hinausreichte. Obgleich dieser Prozeß auch Krisen und Abbrüche mit einschloß, war er doch durchgängig durch verläßliche und kontinuierliche biblische Unterweisung geprägt.
Viele von uns haben im Kindes- und Jugendalter ähnliche Erfahrungen mit der Bibel gemacht, in Gemeindekreisen, im Kindergarten, im Religionsunterricht. Dies läßt uns mit Nachdruck danach fragen: Wo finden wir heute im Rahmen kirchlicher und schulischer Kinder-und Jugendarbeit noch Möglichkeiten, den kontinuierlichen Umgang mit der Bibel einzuüben? Wo sind Menschen, die bereit sind, neue Freiräume und Situationen zu erschließen, in denen diese Kontinuität wenigstens ansatzweise erprobt werden kann?
Die Bedingungen, unter denen religionspädagogische Arbeit heute geschehen muß, schließen in den meisten Fällen kontinuierliche biblische Unterweisung und ein allmähliches Hineinwachsen in die Bibel aus. Auch im Kindergarten und in der Kindergottesdienstarbeit, wo bisher noch am ehesten eine gewisse Kontinuität in der biblischen Unterweisung gewährleistet war, sehen sich inzwischen viele veranlaßt, alternative Konzepte anzubieten, die sich stärker an momentanen Fragen und Bedürfnissen von Kindern und Jugendlichen orientieren. Dadurch ist ein Vakuum entstanden, dessen Auswirkungen sich inzwischen nach-

haltig in der Generation junger Erwachsener, insbesondere auch unter jungen Eltern zeigt. Wie aber sollen und können Eltern und Erzieher ihre Kinder in wachsendes Staunen hineinführen, wenn ihnen selber diese Wegerfahrung versagt blieb?
Ich fasse zusammen: Die persönlichen Erfahrungen, die wir selber im Kindes- und Jugendalter mit der Bibel gemacht haben, prägen unsere eigene religionspädagogische Zielsetzung weit mehr, als wir oft wahrhaben möchten. Dies sollte allerdings nicht von vornherein verdächtigt werden. Vielmehr wird daran erkennbar, daß die Wahrheit, die sich im Zeugnis der Bibel bekundet, nicht von persönlicher Erfahrung und von persönlichem Getroffensein gelöst werden kann. Im Rückblick auf unsere eigenen Erfahrungen werden wir vielmehr daran erinnert, wie wichtig es ist, für unsere Kinder und Jugendlichen Ziele festzusetzen, die eigene Erfahrungen mit der Bibel nicht aus-, sondern einschließen. Messen wir daran unsere eigene religionspädagogische Praxis, so stellen wir erschrocken fest, wie weit sie oft hinter diesem Anspruch zurückbleibt. Was wir brauchen, sind Lebensräume, in die unsere Kinder hineinwachsen können und in denen sie eigene Erfahrungen machen können. Was wir vor allem brauchen, sind Menschen, die sie auf diesem Weg begleiten, in verläßlicher und konstanter Weggemeinschaft, und die sie zu wachsendem Vertrauen, zu wachsender Ehrfurcht und zu wachsendem Staunen hinführen. Unsere Kinder und Jugendlichen haben ein Recht darauf. In einer Umgebung, die ihnen diese Werte oft nur unzureichend oder gar nicht vermittelt, haben wir den Auftrag, ihnen den Zugang zu einer neuen Welt-und Lebenserfahrung zu eröffnen, die in Gottes Wort ihren Grund hat und sie befreien kann von narzißtischer Selbstbezogenheit.
In diesem Zusammenhang empfiehlt es sich, daran zu erinnern, was der bekannte jüdische Philosoph Abraham J. Heschel schon vor mehr als dreißig Jahren, seiner Zeit weit voraus, festgestellt hat:

> „Heute ist der Weg zur Bibel mit Massen von Klischees und Vorurteilen übersät, und unser Kopf ist blind von billigem Wissen, wenn er sich der Bibel zuwendet . . . Wem Gott weniger wirklich erscheint als ein ‚verzehrendes Feuer', wer wohl Antworten kennt, aber kein Staunen, dem ist der Weg versperrt. . . Einzig wenn wir mit den Worten der Bibel leben, wenn wir mit ihrer ergreifenden Sprache mitempfinden, wird unser Ohr sich ihrer Stimme öffnen. . . Gottes Gegenwart in der Bibel wird nur durch das Empfinden für das Heilige wahrgenommen. Wir können nicht allein einen Zugang zur Bibel finden. Die Bibel öffnet sich nur dem Menschen, der mit Gott lebt." [28]

IV. Der Weg biblischen Erzählens – Orientierungen

Nachdem wir uns auf unsere biblischen und biographischen Grundlagen besonnen haben, ist es an der Zeit, nach den Konsequenzen zu fragen. Wie sollen wir Gottes Wort weitervermitteln? Welchen Weg sollen wir wählen? Angesichts der Vielzahl von Mitteln und Wegen, die uns für die religionspädagogische Arbeit angeboten werden, scheint diese Frage nicht einfach zu beantworten. Folgen wir aber dem Weg, den uns die Bibel selber vorzeichnet, so können wir nur weitererzählen, was uns erzählt worden ist, in der Erwartung, daß sich auf diesem Weg Gottes Botschaft selber erschließt. Dieser Auftrag zum Erzählen ist im Alten wie im Neuen Testament klar zum Ausdruck gebracht:

> „Was wir gehört haben und wissen und unsere Väter uns erzählt haben, das wollen wir nicht verschweigen ihren Kindern; wir verkündigen dem kommenden Geschlecht den Ruhm des Herrn und seine Macht und seine Wunder, die er getan hat."
> Psalm 78,3f[29]

Aber was heißt das konkret? Zu einfach, zu naiv erscheint uns der Auftrag zu schlichtem Nacherzählen biblischer Geschichten. Neue Fragen brechen hier auf. Kann eine schlichte Nacherzählung in unserer „nachchristlichen" Situation überhaupt gehört und verstanden werden? Und noch radikaler gefragt: Ist es theologisch gerechtfertigt, biblische Geschichten einfach nur nachzuerzählen? Werden damit nicht alle mühsam errungenen Ergebnisse historisch-kritischer Exegese wieder aufgehoben bzw. verwischt? Ganz zu schweigen von den gewachsenen Bedenken vieler Religionspädagogen gegenüber der traditionellen Praxis biblischen Erzählens, die sich ihrer Meinung nach nicht von den Bedürfnissen des Kindes ableiten läßt. Die Religionspädagogik hat sich in den vergangenen Jahrzehnten vorrangig um schülerzentrierte Konzepte bemüht. Dabei geriet das biblische Erzählen mehr und mehr in Mißkredit. Man diskutierte über den „Sinn oder Unsinn, biblische Geschichten zu erzählen"[30], und befürchtete, durch das Erzählen Kinder und Jugendliche an einer eigenen Auseinandersetzung mit Lebens- und Glaubensfragen zu hindern. Diese Vorbehalte gegenüber biblischem Erzählen wirken bis heute nach und haben mit zu jener Hilflosigkeit und Unkenntnis gegenüber der Bibel beigetragen, die heute für die religionspädagogische Situation weithin kennzeichnend ist.

Es ist das Verdienst einiger weniger Religionspädagogen und Jugendbuchautoren, daß wir seit einiger Zeit wieder neu auf die *didaktische* Bedeutung des Erzählens aufmerksam geworden sind.[31] Dabei stellen wir fest: Im Erzählen werden den Kindern Erfahrungen vermittelt, die ihnen sonst verschlossen blieben. Denn durch die Erzählungen ihrer Eltern, Großeltern oder Lehrer werden sie in die Erfahrungen anderer einbezogen und lernen in diesem Horizont, ihre eigenen Erfahrungen in einem neuen Licht zu sehen. Dadurch wird ein Weg eröffnet, der vertieftes Nachdenken ermöglicht, der Orientierung gibt, aber nicht festlegt, sondern offenbleibt für eigene Erfahrungen. Es ist an der Zeit, diese Erfahrungsdimension des Erzählens wieder in die Kinder- und Jugendarbeit, insbesondere auch in den kirchlichen und schulischen Unterricht einzubringen. Dabei wird uns bewußt, was wir in unserer religionspädagogischen und katechetischen Praxis allzu lange vernachlässigt oder verdrängt haben.
Es ist ferner das Verdienst jüdisch-theologischer Tradition, daß sie von jeher das Erzählen als vorrangige Aufgabe der Theologie begriffen und die christliche Theologie nachhaltig an diese Aufgabe erinnert hat. Dabei geht es nicht nur um eine methodische oder didaktische Frage. Es geht vielmehr um die grundsätzliche *theologische* Frage, wie wir angemessen von Gott reden können, und zwar nicht nur unter Kindern, sondern auch unter Erwachsenen.[32] Denn wie wir bereits an den biblischen Zeugnissen feststellten, läßt sich Gott nicht abstrakt definieren. Von Gott kann man nur erzählen.[33] Gott ist ein Gott, der sich im Tun offenbart. Von seinen „großen Taten" zeugen die biblischen Texte. Unsere Aufgabe ist es, sie erzählend weiterzugeben. Dadurch wird die theologische Dichte biblischer Texte nicht etwa abgeschwächt, sondern im Gegenteil: im Nacherzählen kommt sie erst angemessen zum Ausdruck. Nicht als ob wir der Erzählung eine zusätzliche Auslegung oder Botschaft anfügen müßten! Vielmehr ist die erzählte Geschichte selber die Botschaft, die sich Gehör verschaffen, die aufrütteln und verändern will. Die Auswirkung solch einer „erzählenden" Verkündigung ist nicht zu unterschätzen. Sie kann uns u.a. auch aus dem Engpaß einer einseitig wissenschaftlichen Betrachtung biblischer Texte herausführen und neue Zugänge zur biblischen Botschaft und zu ihren heutigen Adressaten eröffnen.[34]
Erzählen und Sich-erzählen-Lassen kann demnach nicht nur ein „Kinderspiel" sein. Für uns bedeutet es vielmehr eine lebenslängliche Herausforderung und Aufgabe. Wohl aber können uns unsere Kinder dabei

helfen, diese Aufgabe zu erfüllen. Mit ihnen zusammen können wir den Weg der Erzählung wiederentdecken und das Erzählen selbst einüben, indem „wir von der Naivität des Betrachtens übergehen zu der noch tieferen Kindlichkeit des Erzählens".[35] Dabei geht es

> „. . .um so elementare Dinge, daß wir uns beleidigt fühlen, wenn sie uns vorgesetzt werden, um dann doch alsbald zu entdecken, daß sie tatsächlich zum guten Teil unbekannt und unerprobt sind, daß wir noch nicht damit gelebt und gearbeitet haben. . . Wir trippelten schon in der hohen Schule des geistigen Lebens von Saal zu Saal und übertrumpften einander in hohen und immer höheren, tiefen und immer tieferen, feinen und immer feineren und allerfeinsten Weisheiten, Lehren, Prinzipien – und hatten die Elementarschule, ja den Kindergarten überschlagen."
>
> K.H. Miskotte[36]

1. Die mündliche Erzählung

Wer heute von Gott erzählen will, muß sich zum Anfang aller biblischen Erzählung zurückführen lassen, zur mündlichen Erzähltradition. Er muß bei den Vätern und Müttern Israels in die Schule gehen und von ihnen lernen. In einfacher mündlicher Erzählung erzählten sie von ihren vielfältigen und elementaren Lebenserfahrungen, in die ihre Erfahrung mit Gott eingebettet war. Sie erzählten davon am Lagerfeuer, am Familientisch oder auch, wenn sie mit ihren Kindern unterwegs waren. Nicht nur, *was* sie erzählten, war wegweisend für ihre Nachkommen, sondern *wie* sie es erzählten. Denn ihre Erzählungen waren mitten aus dem Leben gegriffen. So bunt, wie sich ihr eigenes Leben gestaltete, so vielfältig gestalteten sie ihre Erzählungen. Und dennoch hatten sie alle ein gemeinsames Ziel: Im Erzählen gaben sie Zeugnis von dem lebendigen Gott, der ihnen und ihren Vorfahren begegnet war, offenbar oder verhüllt, unmittelbar oder vermittelt durch sein Wort. Dadurch waren ihre Geschichten nie überholt, sondern immer neu, aktuell und gegenwärtig. Immer waren sie in Bewegung. Immer blieben sie offen für neue Gotteserfahrungen, die sich mitten im Alltag der Menschen ereigneten und die sich von Generation zu Generation fortsetzten. So legten jene Erzähler den Grund zu einer jahrhundertelangen mündlichen Erzähltradition, die über den Prozeß schriftlicher Fixierung hinaus bis in die Zeit des Neuen Testaments hineinreicht.[37]

Erst heute sind wir wieder im Begriff, jene mündliche Erzähltradition zu würdigen und ihre Bedeutung für unser eigenes Erzählen zu entdekken. Zwei Merkmale zeichnen sie aus:

1. Die Erzähler erzählen nicht unbeteiligt Geschichten, sondern sind selbst davon betroffen.
2. Sie erzählen nicht beliebige Geschichten, sondern von elementaren Erfahrungen mit Gott, und sie bedienen sich einer elementaren Sprache.

Beide Merkmale sollen im folgenden genauer untersucht werden als Orientierungshilfe für unsere eigene Praxis biblischen Erzählens.

a) Betroffen erzählen

Geht man von der mündlichen Erzähltradition aus, so ist Erzählen nicht in erster Linie eine erlernbare Fertigkeit, sondern ein „Ereignis", das aus eigener Betroffenheit hervorgeht und im Nacherzählen neue Betroffenheit hervorruft. Dabei ergeht es uns heute nicht anders, als es jenen biblischen Vorfahren ergangen sein mag,

> „. . .im Zelt, am Lagerfeuer, um den Familientisch, daß mitten im heiteren, aufgelockerten Erzählen, wenn alle noch das Schmunzeln auf den Lippen haben und die Freude über diese bunt geschilderte kleine Welt auf dem Gesicht, plötzlich jeder sich in seiner Tiefe angerührt sieht und angerufen fühlt und mit Staunen erkennt – Kind oder Greis –: Dieser Mann bist du, um dein Leben geht es, und der Herr hat's geredet."
>
> K.P. Hertzsch[38]

Wer so von der Botschaft biblischer Erzählungen getroffen ist, kann nicht anders als betroffen davon weitererzählen. Solche Erzählung hat allerdings nichts mehr mit den traditionellen Zerrbildern biblischer Nacherzählungen gemeinsam, durch die nur geschichtlicher Stoff oder irgendeine Moral vermittelt werden sollte. Sondern es geht um mehr: um die aktuelle und konkrete Begegnung des Menschen mit Gott und seinem Wort, und zwar im Vorgang des Erzählens. Darum ist es unmöglich, daß die frei gesprochene Erzählung von Mensch zu Mensch einfach durch das Lesen biblischer Geschichten ersetzt werden könnte. Denn nur in ihr bleibt der ursprüngliche Ereignischarakter biblischer Zeugnisse lebendig. In ihr sind vergangenes und gegenwärtiges Geschehen, Person und Sache, Erzähler und Zuhörer zu einer Einheit verschmolzen. Und gerade in dieser untrennbaren Einheit erweist sie sich als wahr, wirklich und glaubwürdig.
Diese integrative Kraft mündlicher Erzählung verdient besonderes In-

teresse in unserer gegenwärtigen Situation, die – wie oben beschrieben – durch Hilflosigkeit und Unverbindlichkeit gegenüber dem geschriebenen Wort und durch zunehmenden Autoritätsverlust der Bibel gekennzeichnet ist. In diesem Zusammenhang sollte dem gesprochenen Wort und insbesondere der freien Erzählung weit mehr Beachtung geschenkt werden, als es bislang geschieht. Was wir brauchen, ist eine erzählende Verkündigung, die die Menschen, Erzähler und Zuhörer, so in das erzählte Geschehen hineinnimmt, daß sie in ihm Gottes Stimme vernehmen und von seinem Wort hier und heute getroffen werden. Was wir brauchen, sind Menschen, die, von der Botschaft getroffen und ergriffen, lebendig weitergeben, was sie selbst getroffen hat. Was wir aber nicht unbedingt brauchen, sind perfekte und ausgefeilte Erzählvorlagen, die heutzutage dem Erzähler in immer neuen Variationen angeboten werden. Sie sind eher dazu geeignet, uns zu entmutigen. Oder sie verleiten uns sogar dazu, die Erzählvorlage unserer eigenen freien Erzählung vorzuziehen. Am Ende trauen wir uns vielleicht gar nicht mehr zu, frei zu erzählen, und überlassen diese Aufgabe lieber ausgebildeten Pädagogen und Theologen.

Aber dem ist mit Nachdruck entgegenzuhalten: Nicht die perfekte Erzählung zählt, sondern die Erzählung, die mit Leben und eigener Erfahrung erfüllt ist, die den Erzähler so ergriffen hat, daß er sich von ihr gar nicht mehr distanzieren kann. Wer so erzählt, daß man der Erzählung noch den Gärungsprozeß eigener Auseinandersetzung mit der Geschichte abspürt, wem nicht in erster Linie an der eigenen gestylten Erzählkunst gelegen ist, sondern daran, daß Gott selbst in der Erzählung zu Wort kommt, darf gewiß sein, in jedem Fall „sachgemäß" zu erzählen. Solch freie mündliche Erzählung ist die eigentliche Domäne der sog. Laien, die nicht von Berufs wegen, sondern aus dem Leben heraus ins Leben hinein erzählen. Der Vater, der stockend und unsicher seinem Kind erstmals eine biblische Geschichte nahebringt, die Kindergottesdienst-Mitarbeiterin, die sich an eine ihr fremde Geschichte wagt, mit der sie eigentlich noch gar nicht fertig ist, der Freizeitmitarbeiter, der eine Geschichte neu entdeckt hat und seine Freude darüber mit anderen teilen möchte – sie sind die wahren Erben jener ursprünglichen mündlichen Erzähltradition. Wenn für sie kein Raum mehr in unseren Gemeinden ist, wenn an ihre Stelle nur noch sog. professionelle Erzähler treten – der Pfarrer, der Diakon, die Lehrerin oder sogar die Erzähler in Funk und Fernsehen, auf Kassette oder Schallplatte –, dann haben wir endgültig den Lebenszusammenhang biblischer Erzählung preisgegeben.

Aus diesem Grund sollten wir heute in Schule und Gemeinde verstärkt zu freiem Erzählen ermutigen und dazu Hilfen an die Hand geben, die uns das Erzählen biblischer Geschichten in unserer säkularen Umwelt wieder ermöglichen. Dabei ist weder an erzählerische Aufbereitung im oben beschriebenen Sinn gedacht - sie würde ja den hohen Anspruch biblischer Erzählung wieder relativieren -, noch an feste Erzählregeln - sie würden ja wieder die Machbarkeit einer perfekten Erzählung vortäuschen. Statt dessen fragen wir nach Orientierungen, die uns helfen, mündliche Erzählung so zu gestalten, daß wir, Erzähler und Hörer, unmittelbar in das erzählte Geschehen einbezogen werden und in ihr unsere eigene Geschichte - d.h. Gottes Geschichte mit uns - wiedererkennen.
Dazu sollen im folgenden drei Orientierungshilfen gegeben werden. Sie sind nicht beliebig ausgewählt, sondern sie orientieren sich ihrerseits eng an der biblischen Unterweisungstradition und ihren spezifischen Merkmalen. Denn was in der Tradition biblischer Unterweisung selbstverständlich gegeben war und was in der jüdischen Lehr- und Erzähltradition bis heute fortlebt, das müssen wir offenbar erst wieder auf dem Weg der Reflexion neu lernen und einüben.

(1) Aktualisierung

> „Wenn dich nun dein Sohn morgen fragen wird. . ., so sollst du deinem Sohn sagen: Wir waren Knechte des Pharao in Ägypten, und der Herr führte uns aus Ägypten mit mächtiger Hand.“ 5. Mose 6,20f

An dieser klassischen Unterweisungssituation, die das Alte Testament mehrfach erinnert, wird deutlich, was freies mündliches Erzählen kennzeichnet: Es aktualisiert vergangene Geschichte in einer konkreten gegenwärtigen Situation und bringt dadurch zum Ausdruck, daß diese alte Geschichte nie abgeschlossen ist, sondern jeweils in die Gegenwart hineinreicht und hineinspricht. Am deutlichsten wird dies in der Geschichte vom Auszug aus Ägypten. Immer wieder wird sie erinnert und erzählt, in den verschiedensten Situationen, zu Hause, aber auch unterwegs (5. Mose 6,7), nicht nur im Rahmen der Familie, sondern auch im Gottesdienst (z.B. 5. Mose 26,1-10) wie auch in der Verkündigung der Propheten (z.B. Jer 2,6). Bis in das Neue Testament hinein ist diese Erinnerung lebendig (Apg 7,17ff). Aber niemals wird sie nur als „Geschichte“ erzählt, sondern als immer neues Zeugnis von Gottes Macht-

tat: Nicht wir befreiten uns selbst, sondern „*der Herr* führte uns aus Ägypten mit mächtiger Hand". Die Erinnerung an diesen Befreiungsakt wird im Akt des Erzählens so gegenwärtig, daß sie Dank und neue Hoffnung auf Gott freisetzt.
Diese Fähigkeit zur aktualisierenden Verkündigung haben wir heute weithin verloren. Oft ertappen wir uns dabei, daß wir Geschichten aus der Bibel pflichtgetreu nacherzählen, aber nur im Sinne vergangener Geschichten, wohl spannend, aber letzten Endes ohne Belang. Wir verbinden zwar häufig mit der Geschichte eine Botschaft, aber die Botschaft wirkt aufgesetzt oder abstrakt und steht meist in keiner inneren Beziehung zu der erzählten Erfahrung, die Menschen mit Gott gemacht haben.
Wenn wir so mit biblischen Erzählungen umgehen, dann entwerten wir sie ungewollt. Wir behaupten zwar, daß die Geschichten der Bibel für uns wichtig seien. Aber in Wahrheit erzählen wir sie wie beliebige andere Geschichten weiter. Wir degradieren sie zum Erzählstoff, der – so scheint es – genausogut durch andere Geschichten ersetzt werden könnte. Da hilft es auch nicht, wenn wir wortreich die Bedeutung der Bibel für unsere Zeit hervorheben; es sei denn, wir erzählen ihre Geschichten so nach, daß ihre Botschaft im Erzählen heute hörbar wird.
Aber wie sollen wir das aktualisierende Erzählen wieder erlernen? Die Antwort lautet einfach: indem wir uns an den Kindern orientieren. Kinder besitzen in hohem Maße die Fähigkeit zur Aktualisierung vergangener geschichtlicher Erfahrungen, sofern wir Erwachsenen ihnen diese Fähigkeit nicht zerstört haben. Für Kinder bedeuten „Ägypten" und „Schilfmeer" nicht nur geographische oder historische Namen, sondern sie werden als ein Teil ihrer eigenen Lebenswelt verstanden. Lebendig und konkret sehen sie diese Welt vor sich: das Wasser, das sich vor ihnen bedrohlich aufbäumt, die Berge, die sich vor ihnen auftürmen. Auf dem Weg der Erzählung lassen sie sich unmittelbar in diese vergangene und für sie doch ganz gegenwärtige Welt hineinführen. Von diesem sicheren Boden aus können sie sich auch für die Botschaft der Geschichte öffnen. Im Hören und Staunen haben sie an der Erfahrung ihrer Vorfahren teil.
Damit ist ein Weg gewiesen, wie wir heute mit den alten Geschichten der Bibel sachgemäß umgehen können: Wir sind eingeladen, sie so weiterzuerzählen,
- daß wir mit dem vergangenen Geschehen „gleichzeitig" werden
- und daß wir in den alten Zeugnissen die alte und immer neu gültige Botschaft von Gott vernehmen.[39]

(2) Identifikation

> „Wenn dich nun dein Sohn morgen fragen wird. . ., so sollst du deinem Sohn sagen: *Wir* waren Knechte des Pharao in Ägypten. . ."

Ein weiteres Merkmal mündlicher Erzähltradition ist die enge Verbundenheit von Erzähler und Erzählung. Im Vorgang des Erzählens wird nicht nur fremde Erfahrung vermittelt, sondern eigenes Erleben und eigene Erfahrung miterzählt. So stark identifizieren sich dabei die Erzähler mit den Personen, von denen ihre Geschichte handelt, daß sie sogar „wir" sagen können. Das ist keine objektive, distanzierte Geschichte, die sie vermitteln. Und es ist erst recht keine beliebige Unterhaltungsgeschichte, sondern es ist ihre eigene Geschichte, und als solche ist sie real und greifbar nah.

Und so soll die Geschichte auch von den Zuhörern vernommen und weitererzählt werden: als ihre eigene Geschichte und ihre persönliche Erfahrung. So unmittelbar sollen sie sich mit dem Schicksal der betroffenen Personen identifizieren können, daß sie das erzählte Geschehen nicht nur äußerlich an sich vorüberziehen lassen, sondern daß sie mit den betroffenen Menschen den Weg der Angst durchschreiten, daß sie mit ihnen hineingehen in die Dunkelheit, mit ihnen zittern und fragen: Werden wir das andere Ufer erreichen?

Wer so hautnah diese Geschichte erlebt, wer sie als innere Geschichte an sich selber erlebt, wird in dieser Geschichte der Angst zu jenem Vertrauen hingeführt werden, das am Ende in Ehrfurcht und Staunen bekennen kann:

> „Der Herr erhörte unser Schreien und sah unser Elend, unsere Angst und Not und führte uns aus Ägypten mit mächtiger Hand und ausgerecktem Arm. . ."
> 5. Mose 26,7f

Wohlgemerkt: Nicht um ihrer selbst willen soll solche Identifikation angestrebt werden, nicht damit wir auf uns selbst fixiert werden, sondern umgekehrt: damit wir von einer bestimmten Perspektive aus unseren Blick für Gott öffnen lassen, der uns in den Geschichten der Bibel nahe ist, verborgen zwar, aber dennoch ganz und gar real.

Darum ist es für uns entscheidend, daß wir selbst die Geschichten der Bibel so erzählen,

- daß die Zuhörer, Kinder wie auch Erwachsene, innerhalb der Geschichte einen Standort beziehen können;

- daß sie die Geschichte aus der Perspektive der betroffenen Personen sehen und miterleben können
- und daß sie aus dieser eigenen Betroffenheit heraus Gott an sich handeln und wirken lassen.

Wo immer das geschieht, wo Menschen im Hören der Geschichte erkennen: „Das bin ich! Das ist ja meine Geschichte!“ da kann durch die Erzählung eine neue Erfahrung wachsen, in der wir mehr und mehr unser Leben, unsere Ängste und Freuden in Gottes Liebe aufgehoben wissen. Dieser Wachstumsprozeß ist nicht mit dem Ende der Kindheit abgeschlossen. Er bleibt ein lebenslänglicher Prozeß.[40]

(3) Dialogischer Prozeß

„Wenn dich nun dein Sohn morgen fragen wird. . .“

Mit dieser Formulierung wird zugleich angezeigt, wo die mündliche Erzählung ihren ursprünglichen „Sitz im Leben“ hat. Sie „ereignet sich“ in der Gemeinschaft der Familie, im wechselseitigen Dialog zwischen „Vater und Sohn“, zwischen Eltern und Kindern, im fortdauernden Gespräch zwischen den Generationen.
So betrachtet ist die mündliche Erzählung eingebunden in ein umfassendes Glaubensgespräch, das aus dem Leben heraus erwächst und ins Leben hineinführt. Als solche bleibt die Erzählung offen und dynamisch, vermittelt keine fertigen Antworten, sondern wirft neue Fragen auf und fordert zu immer neuen Antworten heraus. Ziel dieses fortdauernden Dialoges ist, daß beide, Erzähler wie Hörer, aus dem Gespräch *über* Gott zu dem Gespräch *mit* Gott finden.
Wo heute die biblischen Erzählungen so ins Gespräch gebracht werden, wo mit solcher Intensität gefragt und nach Antworten gesucht wird, da wird auch der Anspruch erkennbar, der in diesen Geschichten enthalten ist. Da entdecken wir, daß von ihnen eine Wirkung ausgeht, die sich nicht nur auf unser Denken und Reden, sondern auf unser ganzes Leben erstreckt.
Fast noch deutlicher als in der Erzähltradition Israels läßt sich diese Wirkung biblischer Erzählungen an den Lehrgesprächen und *Gleichnissen* Jesu aufzeigen. Auch sie sind jeweils in eine aktuelle Gesprächssituation eingebunden. Menschen kommen zu Jesus und fragen: „Meister, was muß ich tun?“ (Lk 10,25) oder: „Wie oft muß ich vergeben?“ (Mt 18,21). Aber Jesus gibt ihnen nicht, wie erwartet, eine abstrakte

dogmatische Antwort, sondern erzählt ihnen eine konkrete Geschichte. Diese Geschichte geht weit über die gestellte Frage hinaus. Sie stellt sie in einen umfassenden Horizont. Im Hören der Geschichte erkennen die Zuhörer auf einmal: Das ist ja gar keine gewöhnliche Geschichte! In dieser Geschichte spricht Gott durch Jesus zu mir! Sein Wort fordert meine Antwort heraus.
Wir sind heute gefragt, welchen Ort wir solchen Geschichten geben und welche Bedeutung wir ihnen in unserem Gespräch mit der kommenden Generation beimessen. Begnügen wir uns damit, unseren Kindern biblische Geschichten nur wahllos und ziellos zu erzählen, ohne eine Beziehung zu ihren existentiellen Fragen zu erkennen? Oder erzählen wir sie so, daß der „Funke überspringen kann“, daß – wie bei den Gleichnissen – Betroffenheit entsteht, daß neues Nachdenken einsetzt und Hoffnung aufbricht?
Dies ist freilich nur dann möglich, wenn wir selber wieder neu lernen, biblische Geschichten so elementar und existentiell anzugehen, wie es die Fragen unserer Kinder und Jugendlichen heute erfordern. Und wenn wir sie so ins Gespräch bringen, daß Gottes Anspruch an uns heute hörbar wird und wir gemeinsam eine Antwort auf Gottes Wort suchen. Andernfalls bleiben diese Geschichten für uns toter Erzählstoff – und mögen sie noch so interessant gestaltet sein!

Somit bindet das Erzählen biblischer Geschichten beide zu einer Gemeinschaft zusammen, Erzähler und Zuhörer, Eltern und Kinder, Lehrer und Schüler, ältere und jüngere Generation. Denn im Gespräch mit den biblischen Geschichten erfahren wir uns alle als „Schüler“, als lebenslänglich Lernende, die die Botschaft der Bibel immer neu zu buchstabieren haben.[41] Im Wissen um diese Verbundenheit können uns die Fragen unserer Kinder und Jugendlichen nicht gleichgültig sein. Wir tragen vielmehr Verantwortung, im Gespräch mit ihnen die Geschichten der Bibel so einzubringen, daß sie schon früh lernen, mit ihnen zu leben. Je bedrängender und komplexer die Fragen werden, mit denen sich die kommende Generation auseinandersetzen muß, desto mehr ist sie darauf angewiesen, daß sie die Botschaft der Bibel von uns als befreiende Botschaft des Lebens hört, denn

> „. . . es sind (in der Heiligen Schrift) ja nicht Lesewort, wie sie meinen, sondern eitel Lebewort drinnen, die nicht zum Speculieren und hoch zu dichten, sondern zum Leben und Tun dargesetzt sind.“
>
> M. Luther[42]

b) Elementar erzählen

Wenn sich das Erzählen biblischer Geschichten im konkreten Reden und Hören ereignen soll, so müssen wir zugleich fragen: Wie soll das geschehen? Wie kann es überhaupt zu einem lebendigen und offenen Dialog kommen, wenn doch die Sprache unserer Erzählung den Hörern fremd ist? Wie können sie diese verstehen, wenn sie doch selbst eine ganz andere Sprache sprechen?

Die religiöse Sprache ist, wie wir zu Anfang feststellten, vielen Kindern und Jugendlichen heute so fern, und die Sprachlosigkeit in Glaubensfragen macht sich auch in der Elterngeneration so deutlich bemerkbar, daß wir oft versucht sind, lieber zu schweigen. Wir merken, daß unsere traditionelle Sprache, die wir im Gottesdienst und Kindergottesdienst sprechen, nicht mehr „greift". Selbst wenn wir unsere Sprache „modernisieren", selbst wenn wir versuchen, durch zusätzliche Wort- und Sacherklärungen das Erzählte näherzubringen, so können wir doch letztlich den tiefen Graben nicht überwinden, der sich zwischen unserer Erzählung und den Zuhörern auftut. Kein Wunder, daß sich auch unter uns immer größere Sprachlosigkeit ausbreitet!

Aber weil Gottes Wort durch unser gesprochenes Wort gehört werden soll, dürfen wir nicht schweigen. Darum ist es auch nicht beliebig, was und wie wir erzählen. Vielmehr haben wir alles daranzusetzen, daß wir wirklich verstanden werden. Dabei haben wir uns allererst zu fragen, ob wir selbst denn noch verstehen, was wir sagen, oder ob unsere Worte nur noch im Leerlauf rotieren. Wenn wir uns wirklich selbstkritisch diese Frage stellen, werden wir feststellen:

> „Auch wir selbst sind wieder ganz auf die Anfänge des Verstehens zurückgeworfen. Was Versöhnung und Erlösung, . . .Kreuz und Auferstehung, was Leben in Christus und Nachfolge Christi heißt, das alles ist so schwer und so fern, daß wir es kaum mehr wagen, davon zu sprechen. In den überlieferten Worten und Handlungen ahnen wir etwas ganz Neues und Umwälzendes, ohne es noch fassen und aussprechen zu können . . . Aber der Tag wird kommen, an dem wieder Menschen berufen werden, das Wort Gottes so auszusprechen, daß sich die Welt darunter verändert und erneuert. Es wird eine neue Sprache sein, vielleicht ganz unreligiös, aber befreiend und erlösend, wie die Sprache Jesu. . ."
>
> D. Bonhoeffer[43]

Das also fehlt uns letztlich, wenn wir Bonhoeffers Worten folgen: eine Erneuerung unserer Sprache, die Hand in Hand geht mit der Erneuerung unseres Lebens und Denkens. Sie kann nur von dort ausgehen, wo nach unserem Verständnis der Ursprung unseres Lebens und Denkens liegt: im Wort Gottes selbst. Da können wir die Sprache wiederfinden, die wir verloren haben: eine *elementare,* d.h. grundlegende Sprache, die im wörtlichen Sinn „der Sache auf den Grund" geht. Es ist jene Sprache, die für die biblischen Erzählungen in besonderer Weise kennzeichnend ist. In ihr verdichtet sich eine Fülle menschlicher Erfahrungen, und zwar existentielle Grunderfahrungen, die für alle Zeit Gültigkeit beanspruchen. Das macht diese Sprache so kostbar und unverwechselbar, daß sie wirklich aus Erfahrung spricht, nicht abgehoben von der Wirklichkeit. Und weil sie aus Erfahrung redet, weist sie auch ganz spezifische Merkmale auf:

(1) Einfachheit

Was uns an der Sprache biblischer Erzählung zunächst auffällt, ist ihre Einfachheit. Geradezu karg und streng nimmt sie sich im Vergleich zu vielen Nacherzählungen aus. Sie selbst schmückt nur wenig aus, zeigt wenig an Gefühlsäußerungen und verzichtet weitgehend auf Wertungen und theologische Reflexionen. So verwendet sie z.B. nur selten wertende oder ausschmückende Adjektive. Ähnlich sparsam geht sie mit verallgemeinernden Substantiven um. Wo wir normalerweise einen Sachverhalt in Substantiven beschreiben würden, da setzt sie vorzugsweise ein Verb und legt auf diese Weise durchgängig den Akzent auf den Handlungsablauf an sich, nicht auf abstrakte Reflexion.
Somit führt uns die elementare Sprache wieder auf den Ursprung der Erzählung zurück, auf das Geschehen selbst, das geradlinig, in epischer Geschlossenheit und in konsequentem Nacheinander, entwickelt wird. Dabei machen wir eine erstaunliche Beobachtung: Je unerhörter die Aussage einer Geschichte in unseren Ohren klingt, desto konsequenter hält sich die biblische Erzählung an den äußeren Handlungsablauf, den sie in strenger Sachlichkeit vermittelt.
So erzählt z.B. das *Buch Rut* die Geschichte einer Familie, die von schwerem Leid heimgesucht wird, von Hungersnot, Heimatlosigkeit und frühem Tod. Obwohl das erfahrene Leid aufwühlt und Emotionen im Hörer wachruft, hält die Erzählung unerbittlich an ihrem *epischen Stil* fest, der sich ganz auf den Handlungsablauf, auf die Außenseite des Geschehens konzentriert. In einfachen Hauptsätzen reiht sie Erfahrung an Erfahrung, verzichtet auf jeglichen Kommentar und steigert

dadurch die Spannung, die sich im Hörer aufbaut. Das Unbegreifliche der beschriebenen Leiderfahrung steht für ihn in krassem Gegensatz zu der Schlichtheit und Sachlichkeit der Erzählung. Aber offenbar ist diese Spannung gewollt. In ihr verdichtet sich die Erfahrung vieler Menschen, die selber Leid erfahren haben, Leid, das mit allen bitteren Konsequenzen erlebt und ertragen wird und keine vorschnelle Erklärung und Deutung zuläßt. Erst am Ende wird diese Geschichte als eine Geschichte verborgener Führung Gottes offenbar.

Noch krasser wird uns diese Spannung in der Erzählung von *Isaaks Opfergang* bewußt: Unerhört und unfaßlich erscheint uns, was hier Abraham zugemutet wird. Und dennoch schweigt sich die Erzählung darüber aus, wertet nicht, zeigt keine Gefühle, sondern berichtet in unerbittlicher Sachlichkeit und Schlichtheit von Abraham:

> „Und sattelte seinen Esel und nahm . . . seinen Sohn Isaak und spaltete Holz zum Brandopfer und machte sich auf und ging hin. . .“ 1. Mose 22,3f; vgl. 9f

Ohne Unterbrechung, ohne Emotionen reiht die Erzählung einen Satz an den anderen. Die Handlung spitzt sich weiter zu. Der Hörer empfindet die Geschichte als Zumutung. Er möchte sich gegen sie wehren. möchte sie am liebsten unterbrechen oder ihr zumindest verbieten, so zu reden. Statt dessen wird er selbst mit auf den dunklen Weg der Erzählung genommen, ein Weg, der sich jeder vorschnellen oder altklugen Deutung versagt, der erst von seinem Ende her als Weg Gottes erfahren wird.

Nicht zufällig wird im Neuen Testament die Geschichte von *Jesu Kreuzigung* (vgl. Mk 15,20-42; Mt 27,31-56; Lk 23,32-49; Joh 19,17-37) in derselben epischen Sachlichkeit und Einfachheit erzählt, als wollte die Geschichte ausdrücken: Wer mich begreifen will, darf mir nicht ins Wort fallen. Aber er darf mir „von ferne“ folgen. Dabei kann er nicht anders als in Ehrfurcht und Staunen bekennen: „Wahrhaftig! So ist es geschehen. Nach Gottes Willen ist es geschehen – ohne uns und ohne unser Zutun, aber *für* uns!“

(2) Anschaulichkeit

Die elementare Sprache ist ferner gekennzeichnet durch die Konkretheit ihrer Darstellung. Wer in den biblischen Geschichten nur geistliche oder symbolische Handlungen vermutet, wird überrascht sein, wie real

und konkret in ihnen das Leben der Menschen geschildert wird. Vielfältig und bunt zeichnen sie die Welt der Menschen und lassen uns mit all unseren Sinnen an ihren Erfahrungen teilhaben. Nicht nur „wissen“ sollen wir, was jene Menschen erfuhren, sondern mit eigenen Augen sehen und auch hören, ja sogar schmecken und fühlen.
Was z.B. Freude, was Hoffnung bedeutet, wird in den biblischen Erzählungen nicht etwa definiert, sondern sprachlich meisterhaft entfaltet. Man sieht förmlich die Freude Abrahams, als sich hoher Besuch bei ihm einstellt (1. Mose 18): Seine Freude bekommt buchstäblich „Beine“. Er „eilt“ ins Zelt, ruft Sara zu: „Eile - knete - backe!“ und läßt seinen Knecht in aller „Eile“ ein Kalb zubereiten. Er selbst tischt auf, was er hat: Butter, Milch und Fleisch - Zeichen seiner Freude und Ehrerbietung (V. 6ff). Man spürt der Schilderung ab, welch wichtiges Ereignis hier ansteht.
So konkret und mit allen Sinnen sollen wir erfassen, was damals leibhaftig und wirklich erlebt wurde. Dabei verlieren sich die biblischen Erzählungen nie in ausschweifenden Schilderungen. Sie zeichnen sich vielmehr aus durch *konzentrierte und intensive Anschauung*. Das heißt: Ihre Darstellung bleibt durchgängig und konsequent auf die Sache bezogen, die vermittelt werden soll. In ihr verdichten sich grundlegende Erfahrungen der Menschen, Erfahrungen wie Angst und Freude, Enttäuschung und Hoffnung.
Und so sollen wir die biblischen Geschichten auch nacherzählen: mit „Fleisch und Blut“, so konkret, daß uns die Welt der Menschen sichtbar und greifbar nahekommt, daß wir ihre Hoffnungen und Ängste intensiv miterleben und im eigenen Nacherleben erkennen: So nah kommt uns Gott, mitten in unsere Welt hinein, in unsere Alltagsnöte und -freuden. Selbst die elementaren Bedürfnisse unseres Lebens, selbst Essen und Trinken sind ihm nicht zu gering. Sie sind der Ort, wo er „seine Herrlichkeit“ unter uns offenbart (Joh 2,11). Dazu bedarf es keines besonderen theologischen Vorwissens. Das Kind, das sich schmatzend die Zunge leckt, als ihm erzählt wird, das Manna schmecke wie „Semmeln mit Honig“ (2. Mose 16,31), hat vielleicht mehr von der Konkretheit biblischer Botschaft erfaßt als manch ein Gelehrter.

(3) Transparenz

Biblische Erzählungen beziehen sich, wie wir sahen, auf unsere konkrete menschliche Welt. Aber zugleich weisen sie auch immer über sich

selbst hinaus. Selbst wenn sie von ganz menschlichen und diesseitigen Ereignissen erzählen, scheint doch die verborgene Wirklichkeit Gottes durch sie hindurch.
In dieser Offenheit auf Gott hin gewinnen auch scheinbar vordergründige und unauffällige Aussagen eine neue Aussagekraft. Meist ist in ihnen der Hinweis auf die verborgene Wirklichkeit Gottes in sichtbaren und zugleich verhüllenden Zeichen angedeutet. So etwa in den *Offenbarungsgeschichten,* wenn von einer Wolke erzählt wird, die den Berg Sinai einhüllt (2. Mose 19,16), die die Jünger Jesu überschattet (Lk 9,34) und die Jesus vor den Augen der Jünger hinwegnimmt (Apg 1,9) – sichtbare Zeichen seiner unsichtbaren Gegenwart!
Auch die *Wundergeschichten* sind ähnlich verhalten und vielsagend zugleich. In dichten und prägnanten Worten erzählen sie von Jesu machtvollem Handeln – Zeichen göttlicher Vollmacht und Vorzeichen kommender Gottesherrschaft. Zu Recht horchen wir auf, wenn wir hören:

> „Jesus rührte seine Zunge an, seufzte, sah auf gen Himmel (!) und sprach: Hephata . . . Und alsbald taten sich seine Ohren auf. . .“ Markus 7,33f

> „Und er nahm die fünf Brote und zwei Fische und sah auf gen Himmel (!), dankte und brach die Brote und gab sie den Jüngern. . .“ Markus 6,41

> „Und er stand auf und bedrohte (!) den Wind und sprach zu dem Meer: Schweig und verstumme! Und der Wind legte sich, und es entstand eine große Stille.“ Markus 4,39

Man spürt das Gewicht jedes Satzgliedes und ahnt das göttliche Geheimnis, das sich in ihm verbirgt.
So menschlich einfach und verhalten zugleich erzählt die Bibel auch dort, wo sie direkt von Gott redet. In einfachen und konkreten Tätigkeitsworten erzählt sie, was doch kein Mensch jemals erfassen kann:

> „Gott erhörte ihr Wehklagen und gedachte seines Bundes . . . Und Gott sah auf (sie) und nahm sich ihrer an.“ 2. Mose 2,24f

Wo immer die Bibel so von Gott erzählt, spüren wir, daß wir wieder ganz am Anfang des Verstehens sind. In aller Schlichtheit werden wir an das Geheimnis Gottes herangeführt, der uns so nahegekommen ist, sogar bis in unsere Sprache hinein! Dieses Geheimnis dürfen wir in derselben Schlichtheit, die uns die Bibel vorgibt, weitererzählen.

Zusammenfassend können wir feststellen, daß die elementare Sprache biblischer Erzählungen in einzigartiger Weise die spezifische Botschaft der Bibel zur Sprache bringt. Auf der Suche nach einer neuen Sprache tun wir gut daran, uns an dieser ursprünglichen Sprache neu zu orientieren. Nicht allein deshalb, weil Inhalt und Sprache in den biblischen Erzählungen eng aufeinander bezogen bleiben, sondern ebenso im Blick auf unsere gegenwärtige Situation. In der täglichen Inflation von Wörtern und Sätzen, in der Flut von Informationen, die in vielen sprachlichen Versionen und auf vielfachen Informationswegen auf unsere Kinder und Jugendlichen einstürmen, in der „Kakophonie von Geräuschen“[44], die unsere Gegenwart prägt, brauchen wir offenbar wieder eine Sprache, die uns zur Sache ruft. Unsere Kinder und Jugendlichen fordern uns selbst dazu heraus. Sie haben weithin noch nicht verlernt, elementar zu fragen und nach ebenso elementaren Antworten zu suchen. Wir sind aufgefordert, mit ihnen gemeinsam wieder jene sachliche und zugleich ganz und gar persönliche Sprache zu erlernen, die mitten aus dem wirklichen Leben heraus spricht und zugleich über die engen Grenzen unseres eigenen Lebens hinausweist. Vielleicht wird durch diese gemeinsame Sprache wieder neues Verstehen möglich, ein Verstehen zwischen den Generationen, das nicht allein auf gegenseitiger Anpassung beruht.

2. Die schriftliche Erzählung

Als „Lebewort“, so stellten wir fest, als lebendiges Wort Gottes, wollen die biblischen Zeugnisse erfaßt, gehört und befolgt werden. In Form mündlicher Erzählung sprechen sie heute zu uns, wollen uns treffen und verändern.

Aber was folgt daraus für die schriftliche Erzählung? Sie wird keineswegs überflüssig. Im Gegenteil. Sie stellt vielmehr das notwendige Korrektiv zur mündlichen Erzählung dar. Sie erinnert uns daran, daß uns Gottes Wort nicht anders vermittelt ist als in Gestalt schriftgewordener Zeugnisse von Menschen.

Diesem Faktum trägt die schriftliche Nacherzählung in besonderer Weise Rechnung. Mehr als die mündliche Erzählung es vermag, unterstreicht sie ihre enge Bindung an den biblischen Text. Als „Lesewort“ muß sie sich am hohen Anspruch der biblischen Texte messen lassen und unterliegt somit strengeren formalen und theologischen Kriterien als die mündliche Erzählung, die ja jederzeit korrigiert und revidiert werden kann. Unter diesen Voraussetzungen ist die schriftliche Nacherzählung biblischer Geschichten heute nicht wegzudenken. Sie erinnert uns daran, daß die biblische Textvorlage nicht beliebig austauschbar

und veränderbar ist, und setzt der Fabulierlust der Erzähler und dem Wildwuchs gegenwärtiger Erzählversuche deutliche Grenzen. So betrachtet kann sie neue Zugänge zur Bibel erschließen und durch schlichtes Lesen der Texte zur Ehrfurcht gegenüber dem schriftgewordenen Wort Gottes hinführen.
Dabei kommt dem Lesen biblischer Geschichten in unserer Zeit eine doppelte Bedeutung zu:
Erstens ist unser Lernen, insbesondere das der Kinder, weithin gekennzeichnet durch punktuelle und selektive Wahrnehmung. Im zusammenhängenden Lesen biblischer Geschichten können wir wieder Zusammenhänge erschließen, die uns in unserer religionspädagogischen Praxis verlorengegangen sind.
Zweitens neigen wir dazu, in unserem Glauben nur das als richtig und wahr anzuerkennen, was sich für uns subjektiv als wahr erweist. Im lauten Lesen biblischer Geschichten stellen wir uns gemeinsam unter das objektiv vorgegebene Wort Gottes und respektieren es als verbindliche Grundlage unseres Glaubens.
Beide Aspekte sollen im folgenden genauer betrachtet und ihre Bedeutung für Kinder und Jugendliche aufgezeigt werden.

a) Im Zusammenhang lesen

> „Die Schrift ist eine Ganzheit, und jedes Wort, jeder Satz steht in einer solchen Mannigfaltigkeit von Beziehungen zum Ganzen, daß es unmöglich ist, über dem Einzelnen immer das Ganze im Auge zu behalten."
>
> D. Bonhoeffer[45]

Die Schrift ist eine Ganzheit und will als Ganzes erfaßt werden. Aber gerade dies bereitet uns Schwierigkeiten. Wir haben gelernt, die verschiedenen biblischen Bücher und deren Intention sorgfältig voneinander zu unterscheiden. Wir haben gelernt, einzelne Texte der Bibel gründlich zu untersuchen, sie in einzelne Teile zu zerlegen und – dank historisch-kritischer Forschung – in ihnen frühe und noch frühere Schichten freizulegen. Aber wir haben darüber verlernt, nach dem übergreifenden Zusammenhang biblischer Bücher und einzelner biblischer Texte zu fragen. Wir haben verlernt, in der Vielzahl biblischer Aussagen die eine, alles verbindende Botschaft herauszuhören. Oder wir haben es uns noch einfacher gemacht: Anstatt die biblischen Texte sorgfältig zu lesen, anstatt auf ihre gemeinsame Botschaft zu hören, be-

gnügen wir uns oft damit, einzelne Aussagen aus den biblischen Texten herauszufiltern und je nach Bedarf für unsere Zwecke zu gebrauchen. Als ob die Bibel ein Steinbruch sei, aus dem man beliebig einzelne Stükke herausschlagen könnte! Als ob man die biblischen Texte so unbekümmert aus ihrem Zusammenhang herauslösen und den eigenen Interessen unterwerfen dürfte! Kein Wunder, daß bei solch einseitigem, verkürztem Gebrauch biblischer Texte weite Teile der Bibel für viele dunkel und undurchsichtig bleiben und nach ihrer Meinung nicht verdienen, ausgelegt, geschweige denn nacherzählt zu werden!
Wenn wir aber die biblischen Texte in ihrem vollen Aussagegehalt ausschöpfen wollen, dann sind wir angehalten, uns wieder mit der Bibel als Ganzheit zu befassen. Hierbei können wir viel von unseren jüdischen Gesprächspartnern lernen. Nach ihrem Verständnis ist die „Schrift" – gemeint ist hier das Alte Testament – als eine große Einheit zu sehen, in der alle einzelnen Zeugnisse in einem inneren Zusammenhang stehen. Demzufolge dürfen die einzelnen Texte und Themen der „Schrift" nicht isoliert behandelt und ausgelegt werden, sondern nur als Teil des Ganzen, als *eine* Stimme im vielstimmigen Chor biblischer Zeugnisse. Nachdrücklich warnt z.B. Martin Buber davor, „aus den biblischen Erzgüssen einen ‚Inhalt' auszuschmelzen".[46] Statt dessen fordert er:

> „Die Bibel will als ein Buch gelesen werden, so daß keiner ihrer Teile in sich beschlossen bleibt, vielmehr jeder auf jeden zu offengehalten wird. Sie will ihrem Leser als Ein Buch in solcher Intensität gegenwärtig werden, daß er beim Lesen oder Rezitieren einer gewichtigen Stelle die auf sie beziehbaren Textstellen. . . erinnert und sie alle für ihn einander erleuchten und erläutern. . ."[47]

Das also ist die Herausforderung, der wir uns zu stellen haben: daß wir die einzelnen biblischen Texte „zusammenschauen", daß wir ihr vielstimmiges Zeugnis im Zusammenklang hören, daß wir sie nicht nur eindimensional auslegen, sondern ihre vieldimensionalen, innerbiblischen Bezüge mehr und mehr entdecken, ohne dabei die Unterschiede der jeweiligen Zeugnisse verwischen zu wollen.
Nehmen wir diese Herausforderung an und weiten sie – abweichend vom jüdischen Verständnis – auch auf das Neue Testament aus, dann werden wir in der Tat erstaunliche Entdeckungen machen: Wir werden innerbiblische Zusammenhänge erkennen, die weit über die jeweilige Themen- und Texteinheit hinausreichen, Bezüge, die häufig durch sprachliche oder stilistische Assoziationen noch unterstrichen werden.

Dazu bedarf es oft keines zusätzlichen Kommentars. Wer aufmerksam die Bibel liest, wer sich immer mehr in sie „hineinliest", wird selber viele Bezüge entdecken und mit fortschreitendem Lesen immer mehr Zusammenhänge erschließen. Dabei werden die Einzeltexte nicht etwa überlesen oder im Lesen oberflächlich übergangen, sondern im Gegenteil: die Einzelauslegung wird reicher und weiter, weil sie den Text als Teil des Ganzen sieht und in ihm die vielen Stimmen der anderen Zeugnisse mithört.

Unter den zahllosen Beispielen, die hier zu nennen wären, sei nur eines für viele genannt:
In der Geschichte von *Jesu Abendmahl* mit seinen Jüngern wird uns erzählt, daß Jesus das Brot brach und seinen Jüngern gab. Aber plötzlich horchen wir auf bei den Worten:

> „Und als sie aßen, nahm Jesus das Brot, dankte und brach's und gab's ihnen und sprach: Nehmet; das ist mein Leib. . ." Markus 14,22

Wir hören die Worte und sehen zugleich Jesus vor uns, als er fünf Brote und zwei Fische an 5000 Menschen austeilt. Und wir erinnern uns wieder. Auch dort heißt es von Jesus:

> „Und er nahm die fünf Brote und zwei Fische und sah auf gen Himmel, dankte und brach die Brote und gab sie den Jüngern. . ." Markus 6,41

Indem wir diese Geschichte Jesu erinnern, sehen wir zugleich vor uns, was uns schon im Alten Testament von Gott bezeugt ist: Gott, der seinem Volk in der Wüste das Manna schenkt, der seinen Menschen einen Tisch bereitet „im Angesicht meiner Feinde" (Ps 23,5), der die Hungrigen sättigt und Tischgemeinschaft stiftet (z.B. Ps 146,7; 2. Mose 24,11). Und in all diesen Geschichten und durch sie hindurch sehen wir das Bild des Auferstandenen aufleuchten, der sich seinen erschrockenen Jüngern offenbart: in Emmaus, als er das Brot bricht (Lk 24,30); in Jerusalem, als er vor den Augen der Jünger ißt (Lk 24,42); und am See Tiberias, als er seinen Jüngern das Mahl bereitet, Fisch und Brot, und zu ihnen spricht: „Kommt und haltet das Mahl!" (Joh 21,12)
Und je mehr wir solche Bezüge entdecken, desto reicher und kostbarer wird die Botschaft dieser Texte in unseren Augen, und staunend erkennen wir:

> „Dies alles ist Zeugnis von Gott und seinem Namen, . . . dies alles ist Geschichte, die den Zuschnitt der Einen Geschichte hat."
>
> K.H. Miskotte[48]

Um dies zu entdecken, müssen wir allerdings erst wieder lernen, die Bibel im Zusammenhang zu lesen. Das heißt: Wir müssen bereit sein, uns auf den Weg einzulassen, den uns die biblischen Texte selbst vorzeichnen, und uns von ihnen im Lesen leiten lassen.

Darum sollten wir einander verstärkt zu *fortlaufendem Lesen* ermutigen.[49] Vor allem sollten wir unsere Kinder schon früh dazu anleiten und gemeinsam mit ihnen einüben. Nach meiner Erfahrung kann damit bereits im ersten Lesealter begonnen werden. Sobald die Kinder anfangen, die ersten Bücher zu lesen, sind sie auch imstande, die biblischen Geschichten in zusammenhängenden Text- und Themeneinheiten zu lesen. Dabei stellen wir fest, daß die Kinder uns Erwachsenen im fortlaufenden Lesen vieles voraus haben: ihre Offenheit und Unbefangenheit in der Begegnung mit biblischen Geschichten, ihre natürliche Neugier und ihre Fähigkeit zu staunen. Oft entdecken sie Zusammenhänge, die wir selbst gar nicht mehr wahrnehmen. „Das ist ja wie bei Jesus", meinte eine Neunjährige, als sie in der Josefsgeschichte las, daß Josef von seinen Brüdern verkauft wurde, „um zwanzig Silbergroschen", wie sie erschrocken und erstaunt zugleich feststellte. Nur ein Detail. Aber es scheint, als habe das Mädchen mit seiner Bemerkung die Unerhörtheit beider Geschichten auf den Punkt gebracht. Vielleicht haben wir Erwachsenen dies bei der fortlaufenden Lektüre biblischer Texte erst wieder von den Kindern zu lernen: das hellhörige Lesen und Staunen über die Wege Gottes, die sich im Lesen auftun, das Staunen, das mehr bedeutet als bloßes Wissen und dennoch schon Kindern zugänglich ist.

Trotz dieser Erfahrungen haben viele Eltern und Pädagogen Bedenken, Kinder zu fortlaufender Lektüre biblischer Geschichten anzuregen.[50] Die Einwände, die sie dagegen vorbringen, lassen sich in zwei Fragen zusammenfassen:

1. Soll man schon 7-10jährige Kinder mit einer Vielzahl biblischer Geschichten belasten? Werden sie von der Fülle des Lesestoffs nicht eher erschlagen? Wäre eine gezielte Auswahl einiger weniger biblischer Geschichten nicht hilfreicher für die Kinder? Zumal, wenn wir dabei berücksichtigen, daß viele Kinder nur mit Mühe zum Lesen zu motivieren sind?

2. Darf man Kindern auch solche biblischen Geschichten zumuten, die sie jetzt noch gar nicht verstehen können? Werden sie im fortlaufenden Lesen biblischer Themeneinheiten nicht immer wieder mit Geschichten konfrontiert, die bei ihnen Ängste erzeugen, weil sie sie noch gar nicht verarbeiten können?

Die Befürchtungen, die in diesen Fragen anklingen, sind verständlich. Um so sorgfältiger werden wir zu prüfen haben, auf welchem Weg wir Kinder und Jugendliche zu fortlaufender Lektüre hinführen. In diesem Zusammenhang kommt den sog. *Kinder- bzw. Erzählbibeln*[51] eine wichtige Aufgabe zu. In ihnen werden die Geschichten der Bibel in Auswahl und in vereinfachter Form nacherzählt. Ziel ist dabei, daß die Kinder behutsam zu fortlaufendem Lesen biblischer Geschichten angeleitet und zum selbständigen und mündigen Umgang mit der Bibel hingeführt werden. Dies setzt allerdings voraus, daß die jeweiligen Kinder- bzw. Erzählbibeln an den biblischen Originaltexten orientiert bleiben. Das heißt:

- daß sie Kindern und Jugendlichen den Zugang zu den biblischen Geschichten nicht durch hinzugedichtete Erweiterungen oder durch lehr- oder predigthafte Zusätze verstellen;
- daß sie das biblische Zeugnis von Gott nicht unsachgemäß verändern oder verkürzen;
- daß sie die nacherzählten Geschichten aufeinander aufbauen und die Texte inhaltlich und formal so gestalten, daß das Kind im Lesen eigenständig Zusammenhänge zwischen den Texten erschließen kann;
- daß sie in Auswahl und Aufbau keine eigenen Ziele verfolgen, sondern sich der Intention biblischer Zeugnisse unterordnen.

Mit anderen Worten: Die Erzählbibeln sollten sich in Auswahl und Gestaltung ihrer biblischen Nacherzählungen nicht nur nach den momentanen altersspezifischen Bedürfnissen und Verstehensvoraussetzungen der Kinder richten. Sie sollten vielmehr auch solche Texte miteinschließen, die dem Kind noch nicht zugänglich sind, die aber als „Anstoß" für eine weiterführende und vertiefte Auseinandersetzung mit den biblischen Zeugnissen unverzichtbar sind. Aus diesem Grund sollten Erzählbibeln nicht nur auf eine bestimmte Alters- und Zielgruppe begrenzt werden, sondern so gestaltet sein, daß sie den Wachstumsprozeß des Kindes fördern und über Jahre hinweg begleiten. Dies setzt allerdings voraus, daß dieser Wachstumsprozeß von Erwachsenen, Eltern und Lehrern, begleitet wird, daß Menschen da sind, die Kinder und Jugendliche „an die Hand nehmen", die mit ihnen gemeinsam die biblischen Geschichten lesen und neu entdecken und die bereit sind, mit ihnen darüber zu sprechen.

Abschließend ist festzuhalten: Schriftliche Nacherzählungen in Gestalt

von Kinder- bzw. Erzählbibeln können die biblischen Originalerzählungen nicht ersetzen. Dennoch füllen sie in unserer gegenwärtigen Situation eine wichtige Lücke. Je weiter sich die mündliche Erzähltradition aus Schule und Gemeinde zurückzieht, je weniger hier eine Kontinuität gesichert scheint, desto stärker scheint die Nachfrage nach schriftlichen Nacherzählungen in Form von Erzählbibeln zu sein. Als biblische Erstlektüre für die Hand der Kinder sind sie inzwischen fast unverzichtbar geworden. Gleichzeitig dienen sie auch als Orientierung für Eltern und Erzieher, die sich oft selber in der Bibel nicht mehr zu Hause fühlen. Häufig greifen gerade jene Eltern und Erzieher nach einer Erzählbibel bzw. Kinderbibel, die selbst in ihrer Kindheit keine christliche Erziehung und Unterweisung erfahren haben und nun eine Ersteinführung in die Bibel suchen. Nicht selten stellt die Lektüre einer Erzählbibel die einzige Berührung mit dem christlichen Glauben dar – jenseits von Gemeinde und Gemeindeerfahrungen.
Ob man sich bei der Abfassung und Verbreitung von Erzählbibeln immer dieser Verantwortung bewußt ist, erscheint mir fraglich. Entscheidend aber ist, daß wir gemeinsam zum verantwortlichen Gebrauch solcher Erzählbibeln anleiten. Das bedeutet aber, daß wir uns nicht in der Fülle gedruckter Nacherzählungen verlieren, sondern durch sie hindurch den Blick für das eine Buch schärfen sollten. Denn das letzte und eigentliche Ziel aller biblischen Nacherzählungen kann nur sein, daß wir uns diesem einen Buch neu stellen und daß wir seinen Zeugnissen begegnen in jener „Glaubensaufgeschlossenheit“, die Martin Buber wie folgt beschreibt:

> „. . .sich diesem Buch auftun und sich von dessen Strahlen treffen lassen. . ., sich, ohne Vorwegnahme und ohne Vorbehalt, hergeben und sich erproben lassen. . . aufnehmen, mit allen Kräften aufnehmen, und erwarten, was etwa an ihm geschehen wird. . . Dazu muß (der Leser) freilich die Schrift vornehmen, als kennte er sie noch nicht. . .; neu muß er sich dem neugewordenen Buch stellen, nichts von sich vorenthalten, alles zwischen jenem und ihm geschehen lassen, was geschehen mag. . . Er liest laut, was dasteht, er hört das Wort, das er spricht, und es kommt zu ihm. . .“[52]

b) Laut lesen

Das ist das Geheimnis biblischer Texte: Sie wollen zu uns sprechen, wollen uns treffen und aufrütteln. Darum können sie nicht wie irgendein anderes literarisches oder historisches Zeugnis betrachtet werden. Sie können auch nicht nur im Stillen gelesen und meditiert werden. Vielmehr bleiben sie auch in ihrer schriftlichen Fassung *gesprochenes Wort,* weil Gott selbst aus ihnen und durch sie hindurch spricht. Dieses Wort soll unter uns laut werden, soll nicht nur als „Text", sondern als „Rede", als persönliche „An-rede" und als konkretes Gotteswort gehört werden. Aus diesem Grund ist es nicht gleichgültig, in welcher Haltung wir diesem Wort begegnen. Ihm begegnen heißt: daß wir uns ihm stellen, daß wir es hören und als Hörende nachsprechen wollen. Dazu ist es freilich nötig, daß das Wort aus seiner Schriftlichkeit befreit wird, daß wir es *laut lesen,* mehr noch: daß wir es – wie Buber formuliert – *„lauschend" lesen.*[53] Gott muß uns selbst das Ohr öffnen (Jes 50,4f), wenn unser lautes Lesen wachsam bleiben und nicht zur frommen, gedankenlosen Leier verkommen soll, und wenn Gottes Stimme nicht in dem chaotischen Stimmengewirr unserer Tage untergehen soll. Seine Stimme ist nicht „laut" (vgl. Jes 42,2). Sie kann auch überhört werden. Sie wird aber dort hörbar, wo ihr im Erzählen und Lesen seiner Geschichte in unserer Welt Raum gegeben wird.

„Lauschend lesen" bezeichnet demnach die Grundhaltung des Menschen, der im Menschenwort der Bibel Gottes Stimme vernimmt, nicht nur in ihren Kernworten, sondern in allen Zeugnissen des Alten und Neuen Testaments und somit auch in allen biblischen Erzählungen. Wer mit dieser hohen Erwartung den biblischen Erzählungen begegnet, wird nicht enttäuscht. Er findet nichts Banales, nichts plump Vertrauliches an diesen Erzählungen, und mögen sie noch so alltäglich sein. Selbst von den einfachsten Geschichten geht eine eigentümliche Würde aus. Über die Jahrhunderte hinweg wurden sie geschliffen und geformt. Nichts ist an ihnen beliebig, nichts überflüssig. Inhalt und Form bilden eine unlösliche Einheit. Dicht und klangvoll ist ihre Sprache. Obwohl Prosa, ist der Rhythmus der Sätze unüberhörbar, nicht nur im hebräischen Originaltext, sondern auch in der Übersetzung Martin Luthers. Markante Leitsätze und -worte durchziehen die einzelnen Erzählungen und verleihen den Texten durch häufige Wiederholung einen feierlichen, zuweilen geradezu liturgischen Charakter. Schon allein durch ihre gebundene Form, durch Stil und Rhythmus ihrer Sprache, deuten sie an, daß Gott in ihnen verborgen gegenwärtig ist. So schaffen sie einen Raum der Ehrfurcht und Anbetung, „heiliges Land", wo uns der heilige Gott heute begegnen und zu uns sprechen will.

Schon gleich am Anfang der Bibel werden wir in dieses „lauschende" Lesen eingeführt. Bereits bei den ersten Versen horchen wir auf, als Gott sein mächtiges „Es werde" spricht. Wie eine gewaltige Melodie

durchzieht der Satz „Und Gott sprach“ die ganze *Schöpfungsgeschichte.* Er leitet jeden Schöpfungsakt Gottes neu ein und steht in harmonischem Einklang mit jenem anderen immer wieder anklingenden Satz: „Und Gott sah, daß es gut war“, der – gleichsam als Antwort auf das vorangegangene Gotteswort – jeden Schöpfungstag Gottes beschließt. Nicht wie ein Bericht, sondern eher wie ein gewaltiges Loblied auf Gottes Macht hört sich dieses Schöpfungszeugnis an, ein Loblied, das in immer neuen Strophen erklingt. Es nimmt uns hinein in jenen Raum der Ehrfurcht, wo alle eigenen Worte verstummen müssen und wir aufgefordert sind, Gott allein die Ehre zu geben, im Lesen und Rezitieren, in ehrfürchtigem Nachsprechen dieser Worte.
Und wieder horchen wir auf, wenn wir wenig später die Geschichte vom *Turmbau zu Babel* lesen, eine ganz und gar menschliche Geschichte, die sich wie eine Gegengeschichte zu dem vorangegangenen Schöpfungshymnus liest (1. Mose 11,1-9). Aber auch sie ist ebenso durchkomponiert. Form und Inhalt sind zu einer einzigen Botschaft verschmolzen. Wiederholt ertönt in ihr der selbstbewußte Ruf der Menschen: „Wohlauf! Laßt uns . . . bauen!“ – Zeichen menschlicher Vermessenheit und Gottvergessenheit. Und geradezu gegenläufig zu ihrem grenzenlosen Streben nach oben hören wir Gottes Antwort: „Wohlauf! Laßt uns herniederfahren!“ Im Hören erfassen wir die Unerhörtheit dieser Geschichte, die Vermessenheit menschlichen Wollens, das am Ende sein Ziel verfehlt. Daß ausgerechnet diese Geschichte, die von der Sprachenverwirrung der Menschen und von ihrem Nichtverstehen erzählt, sprachlich so ausgefeilt und durchstilisiert ist, stimmt uns nachdenklich.

Viel leiser und dennoch eindringlich klingt in den folgenden Geschichten ein neues Leitthema an: Gottes Verheißung an Abraham. Dieses Thema zieht sich als fortlaufende Melodie durch alle *Vätergeschichten* und verknüpft kunstvoll ihre verschiedenen Themen. Selbst in der Geschichte von Josef, in der Gottes Stimme verstummt scheint, klingt das Leitthema leise in dem wiederkehrenden Satz weiter: „Und der Herr war mit Josef. . .“ (1. Mose 39,2.21). Es lohnt sich, aufmerksam hinzuhören, wenn wir diese Geschichten lesen, damit wir die leisen Töne und Zwischentöne nicht überhören.

Wenn wir auf diese Weise in die Texte der Bibel hineinhören, fangen wir an, ihre Erzählkunst ganz neu für uns zu erschließen. Vielleicht haben wir geglaubt, die Kunst biblischen Erzählens längst zu beherrschen. Aber nun, in der Konfrontation mit den schriftlichen Erzählungen selbst, im Lauschen auf ihre klassische Sprache und deren Rhythmus fangen wir an zu begreifen, daß wir noch ganz am Anfang stehen, daß unsere Versuche, biblische Erzählungen weiterzutragen, mehr als stümperhaft sind, gemessen an der Kraft biblischer Erzählungen. Wir merken, daß wir diese Erzählungen gar nicht erfassen können, wenn wir sie nur schweigend vor uns liegen haben. Im Rezitieren und vielleicht sogar im Memorieren fangen wir an, sie als Kunstwerk zu verstehen, aber als ein Kunstwerk, das sich nicht nur im Ästhetischen verliert, sondern das sich im Dienst des göttlichen Wortes versteht. Das verleiht der biblischen Sprache ein besonderes Gewicht und läßt ihre Erzählkunst in aller Schlichtheit und menschlichen Vorläufigkeit dennoch als vollendet erscheinen. Die Sprache, die in diesen Erzählungen gesprochen wird, nannten wir feierlich und liturgisch. Aber sie ist keine „sakrale" Sprache, die sich der Wirklichkeit entzieht, sondern sie bleibt im Leben der Menschen verwurzelt. Andererseits ist sie auch nicht die „Sprache des Alltags", sondern eine Sprache, die den Alltag „adelt", die das ganze Leben in all seinen Bezügen als Gottesdienst begreift.

Und wieder sind es unsere Kinder, die viel besser als wir Erwachsenen intuitiv erfassen, was dies für uns bedeuten kann. Ich erinnere mich an ein Vorschulkind, das stundenlang am Bett seines neugeborenen Brüderchens saß und ihm mit feierlicher Miene seine selbstgedichteten „Halleluja-Lieder", gesungene Geschichten, vorsang. Die Feierlichkeit, die dieses Kind mitten im Alltag ausstrahlte, zeigt an, was uns selbst verlorengegangen ist und was wir wieder neu zu entdecken haben.

Wir sind gefragt, in welchem Rahmen wir die biblischen Erzählungen zu Wort kommen lassen und wie wir ihre Würde im Alltäglichen wahren können. Hier stehen wir wieder ganz am Anfang des Nachdenkens. Wir fangen an zu begreifen, daß das schlichte *Vorlesen* schriftlicher Erzählungen bzw. Nacherzählungen manchmal mehr aussagen kann als eine wortreiche und ausgeschmückte Erzählung. Nicht als ob wir nicht erzählen könnten oder wollten! Aber in der Konfrontation mit den biblischen Erzählungen und deren einzigartiger Erzählkunst erkennen wir, daß am Ende alle eigenen Worte verstummen müssen, daß wir letztlich beide, Erzähler wie Hörer, nur lauschen können, was uns die Bibel erzählt. Dabei machen wir die Erfahrung, daß die Worte biblischer Erzählungen weniger veralten als die Worte, die wir in unseren Erzählungen und Predigten wählen. Dies zeigt sich gerade in Zeiten, wo wir wieder auf die Grundfragen unseres Lebens zurückgeworfen werden. „Spüren die Pastoren nicht, wie ihre Predigt vor den verlesenen Bibelworten als eitel und leer zusammensackt?“ fragt Jochen Klepper in seinem Tagebuch am Ende eines bewegten Jahres.[54] Sie merken es wohl. Und nicht nur die Pastoren. Auch alle die, die in jahrelangem Dienst in Schule und Gemeinde verbraucht und müde geworden sind. Vielen von ihnen mag es so ergehen, daß sie wieder ganz am Anfang beginnen möchten wie etwa der dänische Prediger Kai Munk, dessen Predigten die Menschen aufrüttelten: Am Ende predigte er seiner Gemeinde nicht mehr. Statt dessen las er ihnen nur noch Texte aus der Bibel vor.[55] Ein Prediger, der am Ende nichts anderes tut als ein Kind, das dem kleinen Bruder aus seiner Bilderbibel vorliest, stockend und staunend zugleich! Und vermutlich gehört beides lebenslänglich zusammen, das Stocken und Staunen, das Lesen und Lauschen.

c) In der Gemeinschaft lesen

So führt uns unser Weg am Ende wieder an unseren Ausgangspunkt zurück: in den Raum der Gemeinde, in das „Haus der lebendigen Steine“ (1. Petr 2,5), in die Gemeinschaft derer, die auf Gottes Wort hören und ihm die Ehre geben. Dort soll Gottes Geschichte laut werden, soll hörbar verkündigt und im Chor der Gemeinde gerühmt werden.
So war es schon im alten Israel Brauch: Im Gottesdienst, an den großen Fest- und Feiertagen, wurden regelmäßig „Gottes große Taten“ feierlich rezitiert und über der Gemeinde ausgerufen. Diese liturgischen Erzählungen bzw. Lesungen bildeten die Mitte jedes Gottesdienstes. Sie wurden in gebundener Form, „im strengen Rhythmus der Sprache“ vorgetragen. Darin hoben sie sich deutlich von den individuellen Erzählungen ab und unterstrichen dadurch ihren Anspruch, objektiv gültige Botschaft zu vermitteln. Als solche erwiesen sie sich wahrhaft als Verkündigung, als Botschaft Gottes, als Wort der Erinnerung und Verheißung zugleich. Gott, der ihre Väter einst aus der Sklaverei befreit hatte, der „im Meer einen Weg und in starken Wassern Bahn“ gemacht hatte (Jes 43,16), der war nun in seinem Wort unter ihnen gegenwärtig, im Erzählen seiner Geschichte, die ja „heute“ noch lange nicht am Ende war, sondern einen neuen Weg, eine neue Hoffnungsgeschichte eröffnete. Auf diese wahrhaft befreiende Botschaft antwortete die Gemeinde mit ihrem Bekenntnis (5. Mose 26,1-11) und mit dem vielstimmigen Lobpreis der großen Taten Gottes:

> „Kommt her und sehet an die Werke Gottes, der so wunderbar ist in seinem Tun an den Menschen!“ Psalm 66,5

In diesem Lobpreis hatten auch die persönlichen Erfahrungen mit Gott ihren Platz. Bruchlos fügte sich das biographische Erzählen in den großen Rahmen liturgischer Erzählung ein:

> „Kommt her, höret zu, alle, die ihr Gott fürchtet; ich will erzählen, was er an mir getan hat. . .!“ Psalm 66,16

So wurde die Geschichte Gottes im Wechselgesang von Rede und Antwort, von Verkündigung und Lobpreis gegenwärtig und als wegweisendes Gotteswort vernommen. Denn im Hören auf dieses Wort war ein Weg gewiesen, der auf die Erneuerung des *ganzen* Lebens, nicht nur des Gottesdienstes, zielte.
Diese erzählenden und lobpreisenden Gottesdienste waren daher keine isolierten, vom Leben losgelösten „Veranstaltungen“. Sie bildeten vielmehr den großen Kontrapunkt zu den vielfachen Lebenserfahrungen der Menschen. Sie bildeten zugleich auch das Kontinuum in der bewegten Geschichte dieses Volkes, die von Abbrüchen und immer neuen Gefährdungen gekennzeichnet war. Im Gottesdienst war über die Jahrhunderte hinweg das Zeugnis von Gottes Taten fest verankert. Selbst dann, wenn die Unterweisung in der Familie unterbrochen war, wurde sie im Gottesdienst verläßlich von Generation zu Generation weitergetragen. Darum gehörten die Kinder selbstverständlich mit zur Gottesdienstgemeinde hinzu. Gerade ihnen sollten Gottes Taten verkündigt werden, denn sie galten ja im besonderen als Hoffnungsträger und als Träger göttlicher Verheißung. Sie sollten Gottes Geschichte, die ja auch ihre Geschichte war, hören und sich einprägen, damit sie wiederum „es auch ihren Kindern verkündigen, daß sie setzten auf Gott ihre Hoffnung und nicht vergäßen der Taten Gottes. . .“ (Ps 78,6f). Nie sollte der Lobpreis der großen Taten Gottes verstummen.

Das Erzählen der „großen Taten Gottes“, das einst die Mitte jedes Gottesdienstes darstellte, lebte auch im Gottesdienst der ersten Christen fort und wurde in der Botschaft von Jesus Christus neu lebendig. Dieses erzählende Zeugnis bildet bis heute noch die Mitte jedes Gottesdienstes in Form von Schriftlesung, Glaubensbekenntnis und Predigt, im gehorsamen Hinhören auf die biblischen Zeugnisse und im Weitererzählen ihrer Botschaft.

Wo dieses gemeinsame Hinhören auf die Botschaft biblischer Zeugen und der gemeinsame Lobpreis seiner Taten die Mitte unseres Gottesdienstes bleibt, da kann auch Gemeinschaft und Verstehen wachsen, auch das Verstehen zwischen den Generationen. Vorausgesetzt allerdings, daß unsere Kinder an unseren Gottesdiensten und Feiern teilhaben – d.h. nicht nur an gesonderten Gottesdienstangeboten wie etwa Tauf- oder Familiengottesdiensten. Und vorausgesetzt, daß wir sie zu unseren normalen Gottesdiensten nicht nur „zulassen" in der stillschweigenden Hoffnung, daß sie allmählich verstehen werden, was dort geschieht. Vielmehr ist radikaleres Umdenken erforderlich. Viele unserer Kinder werden mit dem Gottesdienst, wie sie ihn erleben, nicht mehr nach und nach vertraut werden können. Und sie werden auch je länger je weniger verstehen können, was dort geschieht. Wir sind vielmehr gefragt, ob wir unsererseits bereit sind, uns in die Gemeinde der Kinder eingliedern zu lassen, ob wir bereit sind, das Evangelium als erzählte Geschichte so zu elementarisieren, daß wir diese Botschaft nicht nur in getrennten Gottesdienstangeboten, sondern gemeinsam hören können als befreiende und wegweisende Botschaft, als Botschaft der Hoffnung in einer hoffnungsarmen Welt.

„Wenn ihr nicht umkehrt und werdet wie die Kinder. . .", sagt Jesus (Mt 18,2). Nicht als ob unsere Kinder von Natur aus mehr vom Wort Gottes verstünden als Erwachsene! Das wäre eine Illusion und würde der Wirklichkeit nicht entsprechen, in der Kinder und Jugendliche heute leben. Aber Kinder fragen. Sie lassen nicht locker, bis sie eine Antwort finden. Sie fordern von uns eine Antwort auf die Fragen ihres Lebens. Unsere Antwort kann nur die sein, daß wir ihnen Gottes Geschichte erzählen, die Geschichte seiner väterlichen Liebe, und daß wir mit ihnen gemeinsam auf die Zeugnisse der Bibel hören in der Erwartung, daß durch sie Gott zu uns spricht. Wann und wie dies geschehen wird, können wir nicht bestimmen und erst recht nicht durch eine entsprechende Erzählmethode sichern. Aber wir dürfen damit rechnen, *daß* es geschehen wird.

Daß dies sogar dort geschehen kann, wo Menschen gar nicht mehr mit Gottes Wort rechnen, wo Hoffnungslosigkeit und Gottvergessenheit herrschen, davon erzählt uns die Bibel in der Geschichte des jungen *Königs Josia* (2. Kön 22f; 2. Chr 34f):
Kaum acht Jahre alt ist Josia, da wird sein Vater umgebracht. Wie soll er,

das Kind, die schwere Verantwortung tragen, die er nun als König übernehmen muß, ohne den Vater, ohne Orientierung und ohne Weisung Gottes? Josia kennt Gott noch nicht. Sein Vater und sein Großvater haben ihm nie von Gott erzählt. Sie hatten anderes im Kopf, hatten zeitlebens mit anderen Religionen sympathisiert. Nicht einmal im Tempel findet Josia, was er sucht. Dort findet schon lange kein Gottesdienst mehr statt. Der Lobpreis Gottes ist längst verstummt. Das Haus Gottes ist in eine heidnische Kultstätte verwandelt. Dennoch – allen Trends seiner Zeit zum Trotz – bleibt Josia beharrlich bei seiner Frage nach Gott. Er sucht ihn auf allen nur erdenklichen Wegen. Am Ende beschließt er sogar, den Tempel räumen zu lassen und ihn von Grund auf zu erneuern. Er, der doch Gott gar nicht kennt, setzt alles in Gang, damit Gottes Wort wieder in seinem Haus gehört werde!
Aber noch ehe die Renovierungsarbeiten beginnen, wird dem König gemeldet: Eine Schriftrolle ist im Tempel gefunden worden. Niemand weiß etwas mit dieser Schrift anzufangen. Niemand ahnt, daß in dieser alten Schrift Gottes Wort verborgen ist – Gottes Wort in Gestalt des 5. Mosebuchs! Aber Josia, in seinem beständigen Fragen nach Gott, läßt sich die Schrift vorlesen. Aufmerksam lauscht er den Worten, die sein Schreiber ihm vorliest. Und auf einmal begreift er: Das ist nicht nur eine alte Geschichte, die mir hier vorgelesen wird. Es ist Gottes Botschaft an mich heute! Es ist sein gnädiges Wort, das mir neue Hoffnung schenkt, aber auch sein heiliges Wort, das heute zur Umkehr ruft.
Da erkennt Josia, welchen „Schatz“ er in Händen hält. Und er läßt alle im Tempel zusammenkommen, „alles Volk, klein und groß“ (2. Chr. 34,30), und läßt ihnen die ganze Schrift vorlesen:

> „Höre, Israel, der Herr ist unser Gott, der Herr allein. (Ihn sollst du) liebhaben von ganzem Herzen, von ganzer Seele und mit aller deiner Kraft. Und diese Worte, die ich dir heute gebiete, sollst du zu Herzen nehmen und sollst sie deinen Kindern einschärfen und davon reden . . .“ 5. Mose 6,4ff

Da begreifen auch die anderen: Das ist Gottes Wort an uns heute, sein Wort des Lebens, das uns zum Leben gegeben ist! Und sie fangen neu an, auf Gottes Wort zu hören.
Nur eine alte Schriftrolle war es, die damals entdeckt worden war. Aber diese Schrift löste eine Erneuerungsbewegung aus, die das ganze Land erfaßte.
Auch heute geht von dieser Schrift die Kraft der Erneuerung aus. Sooft wir sie lesen und nachsprechen, dürfen wir damit rechnen, daß Gottes

Wort aus ihr hervorbricht, als Wort des Lebens, als sein mächtiges Wort, das uns heute „Zukunft und Hoffnung“ verheißt. Denn:

> „Unwiderlegbar, unzerstörbar, nie abgenutzt durch die Zeit wandert die Bibel durch die Zeitalter. Ohne Zögern schenkt sie sich allen Menschen, als ob sie jedermann auf Erden gehörte. Sie spricht in jeder Sprache und zu jedem Lebensalter . . . Wir alle leben von ihr, und sie bleibt unangetastet, unerschöpflich und ganz. In 3000 Jahren ist sie nicht um einen Tag gealtert. Sie ist ein unsterbliches Buch. Sie kann nicht der Vergessenheit anheimfallen. Ihre Kraft wird nicht geringer. Tatsächlich steht sie erst ganz am Anfang ihrer Wirksamkeit. . . Mehr als 2000 Jahre des Lesens und Forschens haben ihren vollen Sinn noch nicht entfalten können. Noch heute ist es, als sei sie nie angerührt, nie gesehen worden, als hätten wir nicht einmal damit begonnen, sie zu lesen.“
>
> A.J. Heschel[56]

Anmerkungen

Die mit „aaO“ vermerkten Angaben verweisen auf das Literaturverzeichnis am Ende des Buches.

1 In den letzten Jahren ist eine fast unüberschaubare Fülle von Jugendliteratur zum Thema Dinosaurier herausgekommen, Sachbücher, Erzähl- und Bilderbücher. Offenbar ist die Faszination der vorzeitlichen Ungetüme bei Kindern und Jugendlichen nach wie vor ungebrochen. Zu David: Vgl. B (10).

2 Zu den genannten Beispielen seien noch einige ergänzende Informationen gegeben. Daniel Düsentrieb: Auch ihm werden grenzüberschreitende Erfahrungen angedichtet. So wird z.B. in einem Micky-Maus-Heft (37/1986) erzählt, daß Daniel Düsentrieb, der Erfinder einer Zeitmaschine, Donald Duck, dem Comic-Liebling aller Kinder, eine Reise in graue Vorzeit ermöglicht. Dort begegnet dieser – wie zu erwarten – einem Dinosaurier!
„ALF“: So heißt eine bei Kindern überaus beliebte Fernsehserie, die 1988 im ZDF ausgestrahlt wurde. Seine Hauptfigur ist ALF – die Abkürzung von „alien life form“ – , ein außerirdisches zotteliges Wesen, das im Nu die Herzen seiner kleinen Zuschauer erobert hat und sich, ebenso wie auch E.T., als Spielzeug („Pet-Monster“) durchgesetzt hat.
„E.T.“: Vgl. dazu B (12).

3 Vgl. dazu B (4) - (8).

4 So in: Kinderbriefe an den lieben Gott, GTB 73: „Lieber Gott! Ich habe alles gelesen, was vor langer Zeit passiert ist. Wie die Sonne still stand und von David und Goliath und von Daniel in der Löwengrube und die Geschichte vom Fall Jerichos. Zu deiner Zeit ist ja allerhand passiert. . ." Vgl. auch B (1).

5 Vgl. dazu B (6).

6 Die Fragen, die mir am häufigsten begegnen: „Wie hat denn Gott gesprochen? Im Traum oder in echt?" - „Hat schon einmal jemand Gott gesehen?" - „Wer war denn dabei, als Gott die Welt gemacht hat?" - „Ist das echt passiert? Warum passiert es heute nicht mehr?" Ähnliche Kinderfragen finden sich u.a. bei J.Klink, Der kleine Mensch und das große Buch, aaO, S.102-106.

7 Vgl. dazu J.Klink, aaO, S.38f: Zu Kain und Abel: „Ist das möglich, seinen Bruder totschlagen?" Zur Pfingstgeschichte: „Ich habe so furchtbar Angst vor dem Heiligen Geist." (8 J.)

8 Vgl. dazu B (3),(9).

9 Vgl. D (1).

10 Vgl. dazu den Beitrag zum „Jahr mit der Bibel" in idea 15/92, S. 23f mit der Überschrift: „Imagekampagne für ‚Buch der Bücher'".

11 Unter dem Titel „Superbuch" werden neuerdings auf 13 Videokassetten biblische Geschichten in Zeichentrickfilmen für Kinder angeboten (Media-Vision Langen). Diese Zeichentrickfilme wollen Kindern die biblischen Geschichten nahebringen, unterscheiden sich aber in Stil und Niveau nicht von banalen Kinder-Unterhaltungsfilmen wie z.B. „Heidi" oder „Biene Maja". In ihnen wird Jesus als bleichgesichtiger, fast gespenstischer Tausendsassa vorgestellt.

12 Siehe: K.Eykman / B.Bouman, Die Bibel erzählt, Freiburg / Gütersloh 5.Aufl. 1988, S. 11 ff. Bezeichnenderweise wird z.B. auch die Geschichte „Jesus bei Maria und Marta" (Lk 10,38ff) unseren Vorstellungen angepaßt. Dort heißt es: „Am Ende halfen Jesus und Maria beim Spülen. Und dort in der Küche konnten sie noch gut weiter miteinander reden" (S.343).

13 Ein typisches Beispiel für die Verniedlichung biblischer Themen finden wir in den verschiedenen Variationen zum Thema „Arche Noah" vor. Dieses Thema wird Kindern in immer neuen Bilderbüchern nahegebracht, wobei von der ursprünglichen Sintflutgeschichte (1. Mose 6-9) oft nicht viel mehr übrig bleibt als ein phantasiereicher, lustiger und bunter Tierzoo und ein lustiger Noah, der eher einem Gartenzwerg gleicht als einem echten Menschen. Bemerkenswert ist dabei, daß sich hinsichtlich dieser Form von Verniedlichung säkulare Darstellungen von angeblich „biblisch fundierten" kaum unterscheiden. Vgl. dazu z.B.: S.M.Doney, In der Arche 1.2.3., Marburg 1991; M.M.Simon, Der große Freund, Marburg 1990; C. und S. Smithson, Noah und das Schiff der Tiere, Giessen 1992; B. Obendieck/Jurij Březan, Die Geschichte von der Arche Noah, Ravensburg 1992.
Ein weiteres Indiz für den Trend zur Verniedlichung finden wir in der wachsenden Vorliebe, biblische Geschichten als harmlos-lustige Tiergeschichten anzubieten. So wird etwa die Geschichte der ägyptischen Plagen (die ja ebenso wie die Sintflutgeschichte ursprünglich eine Gerichtsgeschichte ist!) zu einer amüsant-unterhaltsamen Geschichte vom Affen „Schlawittich" degradiert. Ähnlich wird die Geschichte vom Durchzug durchs Rote Meer in die Geschichte des Fisches „Rotari Blubb" abgewandelt; in: M. Graff, Was das Kamel des Pharao träumte und andere tierisch-biblische Geschichten, Freiburg 1991.

14 So fällt z.B. auf, daß manche neuere Kinder- und Jugendbibeln die Leidensgeschichte Jesu sehr verkürzt und einseitig erzählen. Der Prozeß Jesu vor dem jüdischen Sanhedrin wird häufig fast ganz unterschlagen. Statt dessen nimmt die Verurteilung durch den Römer Pilatus einen um so breiteren Raum ein. Dadurch wird zwar die

Geschichte einfacher und weniger anstößig, aber der eigentliche Grund, warum Jesus sterben mußte, wird nicht mehr einsichtig. Vgl. dazu z.B.: P.Ventura/G.Popp, Die Bibel. Die schönsten Bildergeschichten. . ., München 1990, S.126f. Und: J.M.R.Belloso/C.S. Vendrell, Die neue Patmos Bibel, Düsseldorf 2. Aufl. 1990, S.280.

15 Vgl. dazu: F.Denger, Der grosse Boss. Unverschämt fromm neu erzählt. Frankfurt 9. Aufl.1989. Vgl. dazu auch den bekannten Monty-Python-Film: „Das Leben des Brian", der 1979 zum erstenmal in den Kinos gezeigt wurde und der sich – als Video- und Fernsehfilm – bis heute großer Beliebtheit erfreut. Es handelt sich dabei um eine perfekte, gewollt freche Satire, die virtuos mit den religiösen Themen rund um das Leben Jesu spielt.

16 F.Denger, Der große Boss, Vorwort.

17 Ein typisches Beispiel hierfür dürfte der Film sein: „In der Arche ist der Wurm drin", ein Zeichentrickfilm, der am Ostermontag 1990 vom ZDF als religiöser Beitrag für die jungen Zuschauer ausgestrahlt wurde – die unterhaltsame Geschichte von Willi, dem Holzwurm. Diese Neuaufbereitung der Noahgeschichte hat nicht das Ziel, eine biblische Geschichte zu vermitteln, wohl aber vermittelt sie unbeabsichtigt den Eindruck, biblische Geschichten könnten als Rohstoff für jede beliebige Erzählung dienen. Besonders problematisch ist das Gottesbild, das durch solche Filme vermittelt wird: Gott als alter Trottel, der mit Noah gerne einen guten Tropfen trinkt. . . Auf die Frage, warum er diesen Film gemacht habe, gab der Drehbuchautor Wolfgang Urchs finanzielle Gründe an. „Wenn ich nichts gemacht hätte, wäre ich pleite gewesen."

18 Niederschrift eines Vortrags, gehalten am 12.3.1972 in der Ludwig-Hofacker-Kirche Stuttgart. Vgl. D (2).

19 Zitiert nach K.H.Miskotte (1), aaO, S.35.

20 Vgl. B (13) – (18); D (3).

21 K.P. Hertzsch (1), aaO, S.314-317.

22 G. Dimenstein, Krieg der Kinder. Kindermorde in Brasilien, Neukirchen-Vluyn 1991, S. 10.

23 K.P. Hertzsch (1), aaO, S.316.

24 Vgl. D (4)-(6).

25 K.P. Hertzsch (1), aaO, S.316.

26 Vgl. D (7).

27 M. Buber, aaO, S 5. Vgl. D (8).

28 A.J.Heschel, aaO, S. 193f. Vgl. D (9).

29 Im Neuen Testament gründet sich der Auftrag zum Weitererzählen auf die Begegnung mit dem Auferstandenen (Mt 28,10; Mk 16,10; Lk 24, 33 ff; Joh 21,15ff; Apg 26,16ff). Von dem vorösterlichen Jesus ist der Auftrag zum Weitererzählen ausdrücklich in Mt 10,7 und Mk 5,19 zu finden.

30 G. Kegel, Vom Sinn oder Unsinn, biblische Geschichten zu erzählen. Gütersloh 1971. Vgl. dazu D (10).

31 Unter den Religionspädagogen seien vor allem Dietrich Steinwede und Ingo Baldermann genannt, deren zahlreiche Veröffentlichungen die Merkmale biblischen Erzählens (D.Steinwede) und einer biblischen Didaktik (I.Baldermann) sowie deren Bedeutung für die religionspädagogische Praxis eindrücklich aufgezeigt haben. (Zu den Veröffentlichungen s. Literaturverzeichnis)
Unter den Jugendbuchautoren sei vor allem Willi Fährmann genannt, der seit Jahren in seinen Veröffentlichungen nachdrücklich auf die didaktische Bedeutung des Erzählens hingewiesen hat. Er schreibt in seinen 10 Thesen zur Leseerziehung u.a.: „Die Mutter aller Lesefreuden ist das Erzählen von Geschichten. Schule aber hat das Erzählen verlernt und müßte doch wissen, daß das Erzählen eine für das Lesen unverzichtbare Grunderfahrung vermittelt. Diese Grunderfahrung, ohne die niemand

Leser wird, heißt: Geschichten sind schön." (Aus: W.Fährmann, Lesen ist wie fliegen. 1989, S. 149)

32 „Haggadah" nennt sich die jüdische Erzähltradition, die sich über die Texte des Alten Testamentes hinausgehend auch im jüdischen Midrasch und Talmud findet. Eindrückliche Beispiele dieser jüdischen Erzähltradition finden sich in: Jakob J. Petuchowski, „Es lehrten unsere Meister. . ." Rabbinische Geschichten, Freiburg 1979.

33 Vgl. dazu D (11).

34 Vgl. D (10).

35 K.H.Miskotte (2), aaO, S.203.

36 K.H.Miskotte (1), aaO, S.19.

37 Vgl. D (12).

38 K.P.Hertzsch (2), aaO, Nachwort.

39 Vgl. dazu D (13). Ein eindrucksvolles Beispiel, wie Kinder die heilsgeschichtlichen Ereignisse aktualisieren und in ihren Lebenskreis einbeziehen, findet sich in: J. Korczak, Der kleine Prophet, GTB 1101, Gütersloh 1988.

40 Vgl. D (14).

41 Vgl. D (15).

42 M.Luther, Das schöne Confitemini, Neukirchen-Vluyn 1957, S.2 (Vorrede).

43 D.Bonhoeffer (2), aaO, S. 206f. Vgl. dazu D (15).

44 K.H.Miskotte (1), aaO, S. 35: „Den Nihilismus zeichnet sicher keine Einseitigkeit aus, sondern eine chaotische Allseitigkeit, keine Eintönigkeit, sondern eine Kakophonie von Geräuschen."

45 D.Bonhoeffer (1), aaO, S.44f.

46 M.Buber, aaO, S.11.

47 M.Buber, aaO, S.13.

48 K.H.Miskotte (2), aaO, S.147.

49 Vgl. dazu D (16).

50 Vgl. dazu auch die Überlegungen von J.Klink: „Ist die Bibel ein Buch für Kinder?" (aaO, S.12 ff).

51 Zum Thema Kinderbibeln sei auf die Broschüre verwiesen: Regine Schindler u.a., Neuere Kinderbibeln. Beschreibung - Kritik - Empfehlungen. Schweizerisches Jugendbuch-Institut, Zürich.

52 M.Buber, aaO, S.4f.

53 M.Buber, aaO, S.5. Vgl. dazu D (17).

54 J.Klepper, Unter dem Schatten deiner Flügel. Aus den Tagebüchern der Jahre 1932-1942, Stuttgart 1971, 31.12.1933, S. 108. Vgl auch I.Baldermann (1), S.88.

55 Kaj Munk, 1898–1944, dänischer Pfarrer und Schriftsteller, aktiv im Widerstand gegen die deutsche Besatzungsmacht, ermordet am 4.1.1944. Literatur zu K. Munk s. RGG^3, IV. Bd., c. 1190.

56 A.J. Heschel, aaO, S.186 (Über die „Allmacht der Bibel").

B. ERFAHRUNGEN

aus der religionspädagogischen Praxis in Familie, Schule, Gemeinde und Jugendhilfe

Die Erfahrungen, die im folgenden beschrieben werden, sind aus der eigenen Praxis in Familie, Schule, Gemeinde und Jugendhilfe hervorgegangen. Sie sind authentisch, aber im Interesse der betroffenen Personen anonymisiert. Die genannten Beispiele können nicht das gesamte Spektrum an Erfahrungen mit der Bibel widerspiegeln. Ihre Auswahl orientiert sich vielmehr an den vorangegangenen grundsätzlichen Überlegungen, die im folgenden - in entsprechender Reihenfolge - exemplarisch konkretisiert werden.

1. Beobachtungen

Heute ist bei vielen Menschen eine wachsende Entfremdung gegenüber der Bibel festzustellen, die sich insbesondere in der Arbeit mit Kindern und Jugendlichen zeigt. Nicht Widerstand gegen die Bibel kennzeichnet sie, sondern Ahnungslosigkeit und Unsicherheit.

(1) Eine Kinderbibelwoche findet in der Gemeinde statt. Jeden Nachmittag kommen über 200 Kinder zusammen, um die Geschichte von Daniel zu sehen und zu hören. In Gruppen setzen sie sich anschließend mit dem Gehörten auseinander, im Spiel, in Gesprächen und in kreativem Arbeiten. Die Begeisterung ist groß. Als aber die MitarbeiterInnen anregen: „Bringt doch bitte morgen selbst eine Bibel mit!“ reagieren die Kinder verlegen. Eine Bibel? Eine Bibel haben sie bisher nur in der Kirche gesehen. Kaum sind sie zu Hause, fragen sie überall nach: „Habt ihr eine Bibel für uns?“ Sie fragen bei ihren Eltern, bei der Oma, ja einige sogar bei Onkel und Tante. Einige Eltern helfen selbst mit bei der Suche nach einer Bibel. Das wollen sie sich nicht nachsagen lassen, daß sie keine Bibel auftreiben können! Schließlich werden sie fündig. Die einen

kramen ihre eigene Traubibel zwischen Fotoalben hervor. Die anderen finden eine alte Bibel im Schrank der Großeltern, ein Schmuckstück in Goldschnitt und Frakturschrift, aber verdächtig gut erhalten. Und andere erinnern sich wieder dunkel: Haben wir nicht vor Jahren eine Bibel im Kaffeegeschäft erworben, ganz billig, als Nonfood- Sonderangebot? Am nächsten Tag bringen die Kinder „ihre" Bibeln mit und packen sie stolz aus. Wie andere ihre Münz- oder Briefmarkensammlung vorzeigen, so reichen sie ihre Bibeln herum, als prachtvolle Sammlerstücke, wertvoll zwar, aber ohne Gebrauchswert. Doch als sie miteinander ihre Bibeln aufschlagen und darin die Geschichte von Daniel suchen, da können es manche Kinder kaum glauben: In diesem alten Buch soll so eine „echte" Geschichte enthalten sein, eine Geschichte, wie sie sie in diesen Tagen live miterlebt haben?

(2) Im „Jahr mit der Bibel" wird ein besonderer Gottesdienst veranstaltet. Dazu sind vor allem Jugendliche eingeladen, die bisher noch wenig Berührung mit der Bibel hatten. Ein MitarbeiterInnen-Team hat den Gottesdienst sorgfältig und von langer Hand vorbereitet. Die Jugendlichen sollen den Gottesdienst nicht nur an sich vorbeirauschen lassen, sondern jede(r) soll am Ausgang ein Neues Testament erhalten, als persönliches Geschenk der Gemeinde. Schließlich ist es soweit. Erstaunlich viele Jugendliche finden sich zum Gottesdienst ein. Viele von ihnen verhalten sich abwartend. Einige setzen sich erst gar nicht hin. Aus gebührender Distanz hören sie sich die Lieder an und schauen sich an, „was die da vorn machen". Aber niemand von ihnen stört den Gottesdienst. Selbst bei dem Stichwort „Die Bibel - Gottes Wort" fällt kein spöttisches Wort. Am Ausgang stehen, wie geplant, Mitarbeiter bereit, um allen das Neue Testament in die Hand zu drücken. Aber da machen die Jugendlichen nicht mehr mit! Die einen drücken sich, peinlich berührt, an ihnen vorbei. Andere heben abwehrend die Hände, als wollte man sie in ein schmutziges Geschäft verwickeln. Und wieder ein anderer faßt das kleine Buch mit spitzen Fingern an und wirft es in hohem Bogen in den Papierkorb. „Gib AIDS keine Chance!" ist sein einziger Kommentar. Dann verschwindet er. Offenbar befürchtet er – und viele andere mit ihm –, sich allein durch die Berührung mit diesem Buch und dessen Inhalt zu infizieren. Die MitarbeiterInnen werden sich beim nächsten Jugendgottesdienst genau überlegen müssen, wie sie diesen Jugendlichen die Bibel nahebringen können.

(3) Im Konfirmandenunterricht gibt sich ein Pfarrer alle erdenkliche

Mühe, den Jugendlichen die Bibel nahezubringen. Für jede Unterrichtsstunde gestaltet er ein altersgemäßes Arbeitsblatt zu biblischen Texten. Er hofft, damit die Jugendlichen zur Mitarbeit motivieren zu können. Aber ein Jugendlicher verweigert konstant jede Mitarbeit. „Ich hab keinen Bock auf Bibel!“ meint er mürrisch und schiebt unwillig Bibel und Arbeitsblatt weg. Schließlich will er gar nicht mehr zum Konfirmandenunterricht kommen. Erst nach Wochen erfährt der Pfarrer den wahren Grund. Der Junge kann weder schreiben noch richtig lesen. Seine Abwehr richtet sich gegen das „Buch“, gegen Buchstaben, ja gegen alles, was aus Papier ist, nicht aber gegen die Inhalte der Bibel. Seitdem bemüht sich der Pfarrer, dem Jungen nicht nur Text und Papier, sondern lebendige Erfahrungen mit der Bibel zu vermitteln.

(4) Am ersten Schultag findet in der Grundschule ein ökumenischer Gottesdienst für Schulanfänger statt. Zum Abschluß lädt der katholische Pfarrer die Kinder ein: „Und nun freue ich mich, wenn ich euch am Sonntag in der Kirche wiedersehe. Da feiern wir mit allen Gottesdienst.“ Die Kinder schauen den Pfarrer fragend an. „Aber wo ist denn die Kirche?“ „Wie?“ fragt der Pfarrer erstaunt zurück. „Das wißt ihr nicht? Ihr kennt doch den Aldi-Supermarkt?“ Die Kinder nicken. Klar, den kennen sie gut, da kaufen sie doch jede Woche ein! „Also: Gleich hinter dem Supermarkt, da steht auch die Kirche. Ihr könnt sie leicht finden.“ Diese Wegbeschreibung leuchtet den I-Dötzchen ein. Und doch: Wie sollen sie den Weg zur Kirche und zu ihrer biblischen Botschaft finden, wenn ihre Eltern sie nicht dorthin begleiten?

Auch die christlichen Feste sind vielen Kindern und Jugendlichen nicht mehr geläufig:

(5) In einer Jugendgruppe wird mit 12-15jährigen Jugendlichen ein Quiz veranstaltet. Eine Frage lautet: „Welches christliche Fest feiern wir im Frühling?“ Die Jugendlichen überlegen und beraten sich lange. Schließlich nennt ein Junge die Lösung: „Der erste Mai!“ Ein Mädchen korrigiert ihn: „Du meinst wohl: ‚Tanz in den Mai‘?“ Die andern überstimmen die beiden: „Nein, falsch! Der Muttertag!“ Aber niemand von den zehn anwesenden Jugendlichen nennt Ostern. Dieses Fest ist ihnen offenbar nur als Ferien- oder Urlaubstag bekannt. – Die ehrenamtliche Leiterin hält indessen die Antworten der Jugendlichen für einen schlechten Scherz. Sie fragt genauer nach: „Aber ihr kennt doch auch andere christliche Feiertage, zum Beispiel Karfreitag?“ Die Jugendli-

chen schütteln den Kopf. „Weiß nicht!“ meint einer und zuckt die Schultern. Ein Mädchen erinnert sich dunkel: „Ist das der komische Tag, wo es nur Fisch zu essen gibt?“ Die Leiterin gibt noch nicht auf. Sie erinnert die Jugendlichen an die Geschichte Jesu, an sein Kreuz und seine Auferstehung. Einem Jungen scheint das alles „zu hoch“. „Okay, okay!“ wimmelt er ab. „Ich hab's auch am Kreuz.“ Die anderen schweigen. Die Geschichte von Jesus ist allen fremd, fast ein wenig peinlich. Die meisten kennen sie nur vom Hörensagen oder aus Filmen.

(6) In einer Heimgruppe leben Kinder zwischen sechs und zwölf Jahren. Die ErzieherInnen bemühen sich, mit den Kindern den Jahreskreis bewußt zu erleben und zu gestalten. Am Vorabend vor Christi Himmelfahrt stimmt eine Erzieherin die Kinder auf das bevorstehende Fest ein. „Vergeßt nicht! Morgen ist Himmelfahrt!“ meint sie beim Abendbrot. Aber der Jüngste, ein kecker Sechsjähriger, schaut sie skeptisch an. Er schüttelt den Kopf. „Ich fahr aber nicht mit!“ meint er entschlossen. Seine Skepsis ist verständlich. Er lebt noch nicht lange in der Gruppe und hat nach seinen bisherigen Erfahrungen mit Erwachsenen allen Grund, mißtrauisch zu sein. „Himmelfahrt“ – schon der Name ist ihm fremd. Wieviel mehr die biblische Geschichte, die sich mit diesem Namen verbindet! Kein Wunder, daß er sich auf diese abenteuerliche „Fahrt“ nicht einlassen will!

(7) Familiengottesdienst am 4. Advent: Die MitarbeiterInnen des Kindergottesdienstes haben mit ihren Kindern ein Spiel zur Weihnachtsgeschichte (Lk 2) eingeübt. Am Ende des Spiels spricht der Pfarrer ein Gebet. Er dankt Gott für das „große Geschenk“, das er uns an Weihnachten gemacht hat. Da ruft ein Kind in die Stille des Gebets hinein: „Aber das ist doch gar nicht der Gott! Das ist doch der Weihnachtsmann!“ „Du Blödmann!“ ruft es aus einer anderen Ecke zurück. „Der Gott *ist* doch der Weihnachtsmann!“ – Merkwürdig, wie hartnäckig sich das Märchen vom Christkind und Weihnachtsmann in unserer aufgeklärten Zeit noch hält! Es hat fast den Anschein, als sei dieses Märchen für manche Kinder realer als Jesu Geburt, von der die Bibel höchst realistisch und nüchtern berichtet.

(8) Zwei Jahre später findet sich derselbe Junge wieder zur Probe des Weihnachtsspiels ein. Er ist inzwischen acht Jahre alt und „hat“ es nun nicht mehr mit dem Weihnachtsmann. Statt dessen hat er etwas anderes: ein aufmüpfiges Lied, das er irgendwo aufgeschnappt hat. Wäh-

rend die anderen Kinder mit Eifer „ihr" Hirtenspiel einüben und singend und flötend zur Krippe eilen, bleibt er demonstrativ sitzen und singt selbstbewußt „sein" Lied: „Kling, Glöckchen, klingelingeling, kling, Glöckchen, kling! Öffnet mir die Fenster! Draußen sitzt Bud Spencer, Dracula und Frankenstein, haun dir in die Fresse rein. Kling, Glöckchen, kling!" Offenbar ist dies das einzige, was für ihn und viele andere übrigbleibt, wenn das Weihnachtsfest mit wachsenden Jahren seinen Märchenzauber verliert: ein leeres Geklingel, alberne Lieder ohne reale Erfahrung. Bleibt nur zu fragen, ob das entstandene Vakuum im Leerlauf endet oder ob am Ende ein neuer „entzauberter" Zugang zur Weihnachtsbotschaft aufgezeigt werden kann.

Wie stark das Hören und Verstehen biblischer Geschichten durch den Einfluß elektronischer Medien beeinflußt wird, zeigen die folgenden Beispiele:

(9) In einer Kindergruppe soll die Geschichte von der Heilung des Gichtkranken (Mk 2,1ff) erzählt und im Spiel eingeübt werden. Aber schon nach den ersten Sätzen meint ein Junge, zehn Jahre alt: „Ist ja langweilig! Kenn ich alles! Hab ich alles schon x-mal gesehen! Mein Onkel hat nämlich jede Menge Jesus-Videos." Und dann zählt er auf: „Die Kindheit Jesu", „Das Superbuch", „Ben Hur", „Quo vadis" „Barrabas", „Jesus von Montreal", „Die letzte Versuchung", „Das Leben des Brian" und wie sie alle heißen - Jesus „in echt", wie er sagt, und Jesus als Zeichentrick-Held, ein kunterbuntes Potpourri von ernsten, lustigen und skurrilen Produktionen. Was der Junge davon wirklich gesehen hat, ist ungewiß. Als er aber gebeten wird, den anderen etwas von seinem reichen Wissen mitzuteilen und ihnen etwas von Jesus zu erzählen, da stottert er sich eine abenteuerliche Geschichte zusammen, eine Mixtur aus vielen biblischen und außerbiblischen Versatzstücken, die er irgendwann einmal in Filmen gesehen hat.

(10) Im Kindergottesdienst wird die Geschichte von David und Goliat erzählt. Die Kinder kichern und blinzeln sich zu. David, das ist für sie der Schauspieler David Hasselhoff, der Held aus der Fernsehserie „Knight Rider". Ihn kennen schon die Vorschulkinder. Ihrem Kichern und ihren Zwischenbemerkungen entnehme ich, wie schwer es der biblische David hat, mit dem David aus dem Fernsehen zu konkurrieren.

(11) Aus einer anderen Gemeinde erzählt eine Mitarbeiterin von einer ähnlichen Erfahrung: In einer Kindergottesdienstgruppe wird die Geschichte vom wunderbaren Fischzug des Petrus (Lk 5) erzählt. Mit offe-

nem Mund erleben die Kinder die Geschichte mit. Sie sehen die vollen Netze vor sich. Sie strahlen über den dicken Fang, den Petrus an Land zieht. Und sie hören und staunen, was Jesus kann. Da meldet sich der Jüngste zu Wort: „Aber der Mann vom Knight Rider“, meint er bedächtig, „der kann noch viel mehr als Jesus. Der muß nur auf einen Knopf drücken, dann zaubert er alles, was er will.“ Noch keine vier Jahre alt ist das Kind, eigentlich noch zu klein für den Kindergottesdienst. Aber von Knight Riders Künsten weiß er vermutlich mehr als seine Eltern und ErzieherInnen im Kindergarten.

(12) Im Religionsunterricht, 7. Schuljahr, fragt ein junger Lehrer die Schüler: „Was glaubt ihr? Gibt es wohl noch anderes Leben im Universum?“ „Na, klar: E.T.!“ kommt prompt die Antwort. „E.T.“ kennen die Schüler aus dem gleichnamigen Film. Er bezeichnet ein außerirdisches Phantasiewesen, klein und schrumpelig, aber liebenswert, das eines Tages auf die Erde kommt und Freundschaft mit einem kleinen Jungen schließt. E.T. ist für diese Schüler zwar keine Realität. Aber trotzdem lassen sie sich gerne in den Bann solcher außerirdischen Phantasiewesen ziehen, um darüber eine Zeitlang ihre eigenen existentiellen Begrenzungen und Fragen zu vergessen.

2. Herausforderungen

Gegenläufig zu dem beschriebenen Entfremdungsprozeß zeichnet sich unter Jugendlichen eine neue Suchbewegung ab. Junge Menschen, die oft von der Erwachsenenwelt enttäuscht sind, suchen und fragen nach elementaren und tragfähigen Antworten für ihr Leben. In diesem Zusammenhang wacht auch die Frage nach Gott auf und ein neues Interesse an der Botschaft der Bibel.

Mit welch grundsätzlichen Fragen sich viele Jugendliche heute auseinandersetzen müssen, zeigen folgende Beispiele:

(13) Fünfzehn Jahre alt ist der Junge, als er konfirmiert werden soll. Mit seinem Vater verbindet ihn nicht viel. Er sieht ihn nur alle paar Wochen, wenn er zum Wochenendurlaub nach Hause fährt. Aber zu seiner Konfirmation soll er kommen. Diese Einladung hat sich der Junge fest vorgenommen. Und obgleich er ungern telefoniert und Mühe hat, am Telefon auch nur einen Satz flüssig zu sprechen, wagt er es. Er ruft seinen Vater an und lädt ihn feierlich zur Konfirmation ein. Aber sein Vater?

„Kein Anschluß unter dieser Nummer!“ ruft dieser ins Telefon hinein und – legt den Hörer auf.

(14) Immer wieder hat die Tochter versucht, ihren Vater zur Rede zu stellen, in Briefen, in Telefongesprächen. Aber jedesmal weicht der Vater aus. Mit seiner Tochter will er nichts zu tun haben. Da versucht es die Tochter ein letztes Mal. Sie wählt die Nummer des Vaters. Der Vater nimmt ab. Nur eine einzige Frage schickt die Tochter durchs Telefon, ohne lange Vorrede, ohne Höflichkeitsfloskeln: „Sag mir nur dies eine: Warum hast du mich überhaupt gezeugt?“ Der Vater scheint perplex. Dann, nach einer kurzen Pause, gibt er unwirsch zurück: „Na und? Was kann ich denn dafür, wenn ich mit x verschiedenen Frauen schlafe. Sollen die doch Verhütungsmittel nehmen!“

(15) In einer Jugendgruppe wird über Glaubens- und Lebensfragen gesprochen. Ein Mädchen ist neu dazugekommen. Als das Gespräch auf Gott kommt, unterbricht sie ärgerlich: „Was soll das? Ich hab keinen Bock auf Gott! Wenn sich meine Eltern nicht für mich interessieren, warum soll sich dann Gott für mich interessieren?“

Kinder und Jugendliche fragen nicht nur. Sie zeigen auch deutlich an, was sie suchen und brauchen. In Worten, aber auch wortlos senden sie ihre Signale, wie die folgenden Beispiele anzeigen:

(16) Im Konfirmandenunterricht sollen fünf Jugendliche einen Fragebogen ausfüllen. Er trägt die Überschrift: Was würde ich tun, wenn ich noch einen Tag zu leben hätte? Die Jugendlichen kreuzen verschiedene Antworten an: Ich würde bis in den Tod tanzen. . . Ich würde noch einmal mein Leben in vollen Zügen genießen. . . Ich würde noch einmal einen Menschen richtig lieben. . . Ich würde. . . Ich würde. . . Aber ein Junge schüttelt energisch den Kopf. Die vorgeschlagenen Antworten gefallen ihm alle nicht. So schreibt er darunter, was er tun würde. Nur einen Satz schreibt er auf das Blatt: „Ich würde nach Hause fahren und reden, reden, reden. . .“

(17) Ein anderer Jugendlicher, inzwischen schon sechzehn Jahre alt, hat es längst aufgegeben zu fragen. Aber sein Äußeres ist eine einzige Provokation und Anfrage an seine Umwelt. Er hat sich eine Kutte besorgt. „Born to kill“ – „Geboren, um zu töten“ steht auf ihr geschrieben. Die Botschaft ist unmißverständlich. Stark will der Jugendliche sein und unangreifbar. Aber unter der Kutte verbirgt sich ein junger Mensch,

verletzbar, voller Ungewißheit und ohne Orientierung. Seine Haare läßt er tief ins Gesicht hängen, als wollte er damit ausdrücken: „Ich blick's nicht mehr!" So kommt er - voller Abwehr, aber auch voller Fragen - in die Schulandacht, die er gemeinsam mit vielen anderen Jugendlichen und Erwachsenen regelmäßig besucht. Aufmerksam und kritisch verfolgt er alles, was dort geschieht. Bis er eines Tages mit anderen Menschen ins Gespräch kommt. Sie zeigen ihm eine neue Perspektive auf, machen ihn neugierig auf die biblische Botschaft der Hoffnung. Bald darauf stellt er fest: Eigentlich braucht er seine Kutte nicht mehr. Er verbrennt sie feierlich. Auch seinen „Vorhang" aus Haaren braucht er jetzt nicht mehr. Er schneidet sie ab und - sieht wieder Licht.

(18) In der Kirche findet ein Familiengottesdienst statt. Auf den Plätzen liegt ein Programm aus. Ein Labyrinth ist auf der Vorderseite abgebildet, ein Knäuel von verschlungenen Wegen, die aber alle zu einer verborgenen Mitte hinführen. Ein Junge entdeckt das Blatt und betrachtet es kritisch. Er ist ein cleverer Bursche, etwa sechzehn Jahre alt. Er läßt sich nicht so schnell etwas vormachen. „Ein Labyrinth?" fragt er kopfschüttelnd. „Was soll denn dieser Unsinn?" Aber dann hellt sich sein Gesicht auf. „Ah! Jetzt weiß ich, warum ihr das Labyrinth abgebildet habt!" meint er schlagfertig. „Das Labyrinth, das ist ein Bild für Lehrer und Pfarrer. Die schleichen auch immer so lange um die Sache herum, bis sie endlich zur Mitte kommen." - Die Kritik hat gesessen. In der Tat: Warum hören wir nicht auf die Signale der Jugendlichen? Warum führen wir oft nur auf Umwegen zur Sache hin und verstecken die biblische Botschaft lieber hinter irgendwelchen Symbolen? Warum fällt es uns so schwer, gemeinsam die Mitte zu finden, die Mitte biblischer Botschaft? Viele Jugendliche warten darauf.

3. Entdeckungen

In den Geschichten der Bibel erkennen viele Kinder und Jugendliche ihre eigene Situation wieder. Im Dialog mit diesen Geschichten entdecken sie Wege, die sie aus ihrer eigenen Ausweglosigkeit herausführen. Dabei werden sie selber zu Wegweisern, durch die wir die elementare Botschaft der Bibel neu entdecken können.

(19) Eine junge Frau trägt schwer an den Verletzungen, die sie während ihrer Kinder- und Jugendzeit schweigend ertragen mußte. Noch bis heute kann sie kaum darüber sprechen. Sie fühlt sich behandelt wie ein

Stück Dreck. „Aber dann", so besinnt sie sich, „dann fällt mir ein, was Gott getan hat: Er hat seinen eigenen Sohn in den Dreck dieser Welt geschmissen und zugelassen, daß Menschen ihn verletzten. Und am Ende hat er ihn geschlagen und verwundet zurückbekommen."

(20) Ein kleiner Junge soll nach dem 3. Grundschuljahr in die Sonderschule für Lernbehinderte überwechseln. Als die Verwandten und Bekannten davon hören, sind sie entsetzt und machen aus ihrer Enttäuschung keinen Hehl. Der Junge kommt unter massiven Druck. Aber die Mutter, selber einst Sonderschülerin, hält zu ihm. Sie weiß, wie dem Jungen zumute ist, auch wenn er nicht viel darüber spricht. Auch als er sein Zeugnis bekommt, sagt er nichts. Erst am Abend, vor dem Schlafengehen, findet er seine Worte wieder. „Jetzt sind aber Oma und Opa über mich traurig", meint er bedrückt. Aber dann, nach einer langen Denkpause, fügt er etwas unbeholfen hinzu: „Aber Jesus – der ist doch jetzt nicht traurig – nö?" „Nein!" bestätigt die Mutter. „Der ist nicht über dich traurig." Vermutlich hat ihr Sohn doch mehr begriffen, als die Lehrer in der Schule vermuten, denkt sie bei sich. Und wenn es nur die eine Geschichte ist, die sie neulich ihren Kindern erzählt hat: die Geschichte von Jesus, der die Kinder segnet und sagt: „Laßt die Kinder zu mir kommen!" (Mk 10,13ff)

(21) Ein Teenager, fünfzehn Jahre alt, lebt mit sechs anderen Mädchen zusammen in einer Wohngemeinschaft. In einer stürmischen Phase erzählt ihr eine Praktikantin, zu der sie Vertrauen hat, die Geschichte von der Stillung des Sturms (Mk 4,35ff). Das Mädchen hört diese Geschichte zum erstenmal. Auch kennt sie den Namen Jesus nur vom Hörensagen. Aber das bewegt sie sehr, daß dieser Jesus sogar Macht über Wind und Wellen hat, und – wer weiß? – vielleicht hat er auch Macht über die Stürme, die zur Zeit über sie herbrausen? Seitdem hängt an ihrer Wand eine Karte, darauf ist nur ein Satz gekritzelt: „Jesus ist jede Sekunde bei mir, auch wenn ich es manchmal nicht glaube. . ."

(22) Zwölf Jahre alt ist die kleine Schülerin, als sie zum erstenmal die Geschichte Abrahams im Zusammenhang liest. Als wir im Unterricht darüber sprechen, beteiligt sie sich auffallend rege. Vor allem die Geschichte von Hagar und Ismael scheint sie zu beschäftigen (1. Mose 21). Daß Abraham seine eigene Frau und seinen jungen Sohn in die Wüste schickt, empört sie. Sie ist richtig wütend auf diesen Abraham. „Aber Gott", so fügt sie erleichtert hinzu, „Gott hat der Hagar versprochen:

‚Ich will für deinen Sohn wie ein Vater sein!'". . . Erst viel später erfahre ich, daß die Schülerin ihre eigene Geschichte erzählt hat. Ihr Vater hatte sich nie um sie gekümmert. Und ihre Mutter war vor kurzem verstorben. Nun steht sie mit zwölf Jahren allein da. Aber Gott. . .!

(23) Ein richtiges Buch hat das Mädchen in ihrem Leben angeblich noch nie gelesen, obwohl es inzwischen schon zwölf Jahre alt ist. Aber ein Comic-Heft kennt sie in- und auswendig: Graf Duckula. Das liest sie jeden Abend vor dem Einschlafen. Ein richtiges Ritual hat sich daraus entwickelt. Eines Tages entdeckt sie im Arbeitszimmer ihres Erziehers eine Erzählbibel. Sie wird neugierig. „Darf ich die haben? Nur für eine Woche?" bittet sie. Nach einer Woche fragt der Erzieher nach der Bibel. Und erstaunt hört er, daß das Mädchen in einer Woche die ganze Bibel gelesen hat, von Anfang bis Ende. Der Erzieher will es nicht glauben. Er fragt genauer nach. Und da fängt das Mädchen an zu erzählen. Sie erzählt die Geschichten der Bibel so genau nach und zugleich so lebensnah, als sei es ihre eigene Geschichte, die hier erzählt wird. Von Kain und Abel erzählt sie, von Noah und Abraham und von dem Kind Mose. Diese Geschichte hat es ihr besonders angetan. Und fast feierlich rezitiert sie die Worte der ägyptischen Prinzessin: „Dies Kind soll nicht sterben wie die anderen Kinder. *Mein Kind* soll es werden, denn ich habe es aus dem Wasser geholt." Und es scheint, als ob sie in diese zwei Worte alles hineinlegte, ihre ganze Sehnsucht und ihre Hoffnung: „Mein Kind!" - Ob sie dabei auch an den gedacht hat, der zu ihr spricht: „Fürchte dich nicht! Du bist mein"? Seine Spuren hat sie in allen Geschichten der Bibel entdeckt.

(24) In einer Wohngemeinschaft geistig behinderter Kinder erzählt eine Praktikantin einem Jungen jeden Abend eine einfache Geschichte aus der Bibel. Dazu verwendet sie eine Puppe als Anschauungshilfe. Für den Jungen bedeutet diese Geschichte ein besonderer Höhepunkt am Tag, auch wenn er, so scheint es, von ihrem Inhalt wenig versteht. Eines Abends erzählt die Praktikantin die Geschichte von Abraham. Sie erzählt, wie er aus seinem Haus ausziehen und weit weggehen muß. Dazu verwendet sie Bausteine, die das verlassene Haus Abrahams andeuten. Und auf dem Tisch läßt sie ihre Puppe den weiten Weg wandern, den Abraham gehen muß. Der Junge verfolgt das Geschehen aufmerksam. Hat er doch selbst vor kurzem einen Umzug erlebt, der für ihn mit viel Angst und Verunsicherung verbunden war. „Mann-Angst!" ruft er erschrocken, als er „Abraham" so ungeschützt auf dem Tisch umherwan-

dern sieht. Er läßt nicht locker. „Angst – Hund!" will er die Praktikantin warnen. Doch die läßt unbeirrt ihren „Abraham" weiterwandern. Kurzentschlossen nimmt der Junge die Bausteine und baut sie um den schutzlosen Abraham herum. Nur das schützende Dach fehlt noch. Da hält der Junge seine große, ungelenke Hand über Abraham . Und mit einem erleichterten Seufzer stellt er fest: „Mann – gut!" Mehr kann er nicht sagen. Mehr braucht er auch nicht zu sagen. Seine Hand spricht eine deutliche Sprache. „Von allen Seiten umgibst du mich und hältst deine Hand über mir" – diese elementare Erfahrung der alttestamentlichen Zeugen, hier lebt sie fort, auch ohne Worte.

4. Erlebte Geschichten

Biblische Geschichten vermitteln sich in ganz bestimmten Lebenszusammenhängen und Situationen. Als solche vermitteln sie nicht nur Inhalte, sondern werden im Dialog mit der Geschichte als persönliche Erfahrungen er-lebt. Zwischen den Erfahrungen der Bibel und den eigenen biographischen Erfahrungen besteht demnach ein sachlicher Zusammenhang.

Diesen dialogischen bzw. erlebnishaften Charakter biblischen Erzählens sollen die folgenden Beispiele aufzeigen, wobei in diesen Fällen die Form der Erzählung gewählt wurde.

(25) Vom „Barmherzigen Samariter" Lukas 10,25ff

„Liest du mir eine Geschichte vor?" So zutraulich ist das kleine Mädchen sonst gar nicht. Oft hat sie mit anderen Streit und muß auch manche Schläge einstecken. So hält sie meist Abstand zu anderen und wartet mißtrauisch ab. Aber heute will sie eine Geschichte aus der Kinderbibel hören. Und sie weiß auch schon, welche: die Geschichte vom Barmherzigen Samariter.
Kaum habe ich die ersten Sätze gelesen, da unterbricht sie mich schon empört: „Diese doofen Räuber, diese gemeinen Feiglinge, die könnt' ich alle kaputtschlagen, weißt du, richtig schlagen, daß sie bluten. Die soll'n mal wissen, wie weh das tut!" Und sie packt das Buch, rennt zu den anderen in den Garten und erzählt ihnen, wie doof und gemein die Räuber sind. Sie steigert sich immer mehr in ihre Wut hinein. Aber dann besinnt sie sich plötzlich, kommt zurück und bittet leise: „Liest du jetzt weiter?"

Aufmerksam verfolgt sie den Fortgang der Geschichte. Angespannt lauscht sie, ob nicht endlich einer kommt und hilft. Da hört sie Schritte. Ein Priester ist es! Der wird bestimmt helfen. Aber wie? Der Priester geht vorüber? Einfach vorüber? Das Mädchen ist empört. Der Priester hat bei ihr nichts zu lachen. Und der Levit auch nicht. Sie liest beiden regelrecht die Leviten. Die sollen mal wagen, zu ihr zu kommen!
Aber dann wird das kleine Mädchen auf einmal ganz Ohr. Sie hört den fremden Samariter kommen. Angespannt horcht sie und lauscht. Plötzlich hellt sich ihr Gesicht auf. Ja, sie wußte es doch! Von Anfang an wußte sie es! Der würde helfen! Der würde nicht auf den Mann einschlagen wie die anderen! Der würde auch nicht an ihm vorbeigehen! Sie atmet tief durch, und in ihrem Gesicht ist tiefe Freude und Genugtuung zu lesen: Freude, daß einer da ist, der sich der geschlagenen und übergangenen Menschen annimmt. . .

(26) Vom Vater und seinen „Söhnen" Lukas 15,11ff

Geschafft! Alle Kinder liegen im Bett. Endlich kehrt Ruhe im Hause ein. Das ist die Stunde, wo die Mutter am liebsten die Beine hochlegen und nichts mehr sehen und hören möchte. Aber nein, diese Abendstunde gehört den Kindern. Diese Zeit bindet Eltern und Kinder mehr zusammen als alles turbulente Geschehen am Tage. „Erzählst du uns heute wieder die Geschichte von dem Vater?" „Und von dem Sohn, der weggegangen ist, du weißt doch?" betteln die beiden „Großen", drei und fünf Jahre alt.
Da setzt sich die Mutter zwischen die beiden und fängt an zu erzählen. Mit offenem Mund begleiten die Kinder den flotten Sohn auf seiner abenteuerlichen Reise. Erschrocken sehen sie seinen Geldbeutel dünner und dünner werden. Und traurig harren sie bei ihm aus, als er die stinkenden Schweine hütet. Man spürt, wie sie bedrückt sind. Da hält es der Jüngere nicht länger aus. Er zieht unter seinem Kopfkissen einen zerdrückten Schokoladentaler hervor: „Da! Den darf der Sohn haben!" „Quatsch!" protestiert der große Bruder. „Den Taler, den kannst du behalten. Du kannst dem Sohn ja nicht helfen. Du weißt doch: Nur der Vater kann dem Sohn helfen!" Und ungeduldig bedrängt er die Mutter, schnell weiterzuerzählen. Man spürt förmlich, wie er der Geschichte vorauseilt, dem Vater entgegen. Gott sei Dank! Der Vater ist zu Hause! Er wartet schon an der Tür! Ja, er läuft sogar dem Sohn entgegen und umarmt ihn. Erleichtert lassen sich die beiden in die Kissen zurückfal-

len. Nun ist alles gut! Nun kann auch bei ihnen Festtag werden. Und gemeinsam stimmen sie ihr Lieblingslied an, das Lied vom Vater und seinen Söhnen:

„Singt und tanzt und jubelt laut vor Freuden! Gott, der Herr, läßt uns ein Fest bereiten. Kommt herein, auch ihr seid eingeladen, Kommt und laßt uns mit ihm fröhlich sein! Er, dein Vater, will dir vergeben – so beginnst du ein neues Leben. Singt und tanzt. . .“

(27) Daniel - einst und jetzt — Daniel 5

„Hallo! Wichtige Nachricht für dich! Du kannst ein Geheimnis entdekken. Aus dem wichtigsten Buch der Welt, der Bibel!“ Ungläubig schaut Daniel an seinem Erzieher hoch, der ihm soeben die Einladung überbracht hat. Bibeltage soll es geben? Ausgerechnet jetzt in der Karnevalszeit? Und er soll dazukommen? Was werden die anderen aus seiner Heimgruppe sagen, wenn er zu „Bibel“-tagen geht? Die denken womöglich, er sei durchgedreht. – Nun, er kann sich die Sache ja mal ansehen. . .
Und so kommt er am nächsten Tag in den Gemeindesaal, pünktlich auf die Minute. Mensch! denkt er sich. So viele Leute? Das sind ja sicher 200 oder noch viel mehr. Viele bekannte Gesichter sieht er darunter. In der letzten Reihe winkt ihm einer zu. Ein Klassenkamerad. Er hat ihm einen Platz freigehalten. Nun fühlt er sich fast schon ein wenig zu Hause. Von seinem Platz aus kann Daniel alles gut überschauen. Vorne, auf der Bühne, ist ein riesiges Gemälde angebracht. Es reicht von der Decke bis zum Boden. Sieht aus wie ein uraltes Stadttor. Wenn er die Augen zukneift, glaubt er, darauf zuzugehen. „Das ist das berühmte Stadttor von Babylon“, flüstert ihm einer zu. Nach Babylon soll es also heute gehen. Er wird Augenzeuge eines Geschehens sein, das sich vor langer Zeit zugetragen hat, aber bis heute lebendig geblieben ist. Im Toreingang ist eine riesige Leinwand gespannt. Ziemlich geheimnisvoll wirkt das alles auf ihn.
Nun stimmen die Instrumente ein Lied an. Die Kinder fallen in den Gesang ein: „Ich sitze oder stehe. . . Du hältst stets deine Hand über mir. . .“ Ja, das Lied kennt er auch. Aber mitsingen und dazu in die Hände klatschen wie die anderen, nein, das bringt er nicht über sich. Wenn er Gott wirklich sehen könnte, so wie das Tor da vorn, ja, dann würde er vielleicht mitsingen. Aber so wartet er lieber ab. . .
Die Musik verstummt. Auf der großen Leinwand erscheint im Schat-

tenriß eine lärmende Tischgesellschaft und in ihrer Mitte ein König. Er schunkelt wie ein Karnevalsprinz und scheint ziemlich betrunken. Rufe werden laut: „Wo ist nun euer Gott, ihr Juden? Weg mit eurem Gott!" Becher wirbeln durch die Luft. Höhnisches Gelächter schallt durch den Raum, daß es einem kalt über den Rücken läuft. Da – plötzlich bricht die Musik jäh ab. Stille. Die Festgesellschaft hinter der Leinwand sitzt wie erstarrt. Der König zeigt zitternd nach oben. Dort malt eine große Hand lautlos hebräische Buchstaben an die Wand. Diese Stille, diese Hand – sie reden eine deutliche Sprache. Daniel heißt der Mann – genau wie er! –, der vor den König gerufen wird und die geheimnisvolle Schrift an der Wand entziffert. Er sagt es dem König offen heraus: „Es gibt einen Gott, der lebt. Er hat auch dein Leben und deine Wege in seiner Hand."

In Gedanken verläßt Daniel den Saal. Gut, daß die Geschichte hier nicht abbricht. Gleich anschließend wird er mit seinem Freund in eine Arbeitsgruppe gehen und darüber nachdenken: Wenn Gott wirklich mein Leben und meine Wege in seiner Hand hat, was dann?

Schneller als gedacht verfliegen die Tage. Drei Nachmittage lang hat Daniel mit vielen anderen zusammen gefeiert und Neues aus dem Leben seines großen Namensvorbildes gehört. Heute ist Sonntag. Heute wird er noch einmal dabei sein. Aber diesmal in der Kirche. Da wird es noch festlicher zugehen. Ein richtiges Festgeschenk soll es dort geben. 300 Reliefbilder aus Gips schmücken die Kirche. Die Mitarbeiter haben sie alle selbst hergestellt. Eines davon gehört ihm. Er hat es in den vergangenen Tagen bemalt und beschriftet. Er weiß auch, daß dies eine alte Schenkungsurkunde aus Babylon ist, zugleich eine Erinnerung an die steinerne „Urkunde" die Gott den Menschen am Sinai gegeben hat.

Der Gottesdienst ist zu Ende, das letzte Lied verklungen. „Ich bin bei euch alle Tage, seid nicht bang." Diesmal hat unser Freund kräftig mitgesungen. Nun nimmt er „seine" Steinplatte behutsam vom Altar und trägt sie nach Hause wie einen kostbaren Schatz. Er wird sie gleich in seinem Zimmer aufhängen. Er weiß auch schon, wo. Zuvor aber betrachtet er noch einmal das Bild genau. Sein Name ist dort eingeritzt. Und über dem Namen steht in großen Buchstaben: „ICH BIN DER HERR, DEIN GOTT."

Vielleicht wird dieses zerbrechliche Bild nicht lange leben. Aber auch Scherben können nicht vergessen machen, daß dieses Versprechen Gottes das Geheimnis seines Lebens bleibt.

Endlich! Seit Wochen schon hat ein Mitarbeiterteam diesen festlichen Kinder- und Jugendgottesdienst vorbereitet. Plakate wurden entworfen, Einladungen verteilt, Spielszenen mit Jugendlichen eingeübt, Folien für den Tageslichtschreiber gemalt und schließlich auch noch der Raum festlich hergerichtet. Im Mittelpunkt aber soll die biblische Erzählung stehen: die Geschichte von König Josia, der eine alte Schrift neu entdeckt hat. Mit Spannung sehen die Mitarbeiter dem Tag entgegen. Ob viele Jugendlichen kommen werden? Die meisten von ihnen haben bisher nur wenig oder gar keine Bekanntschaft mit Bibel und Kirche gemacht. Ob sie sich von dem Thema ansprechen lassen? Ob sie darin ihre eigenen Fragen wiederfinden? Ob sie begreifen werden, wieviel Sprengkraft in diesem Wort der Schrift enthalten ist, nicht nur für König Josia, sondern für sie heute?
Nun ist es endlich soweit. Nach und nach trudeln die Kinder und Jugendlichen ein und füllen den Raum. Die meisten haben sich gut gerüstet. Die einen haben ihren Walkman in die Ohren gestopft. Die anderen halten ihren Game-boy spielbereit in der Tasche. Wieder andere begnügen sich mit Comic-Heftchen, die sie demonstrativ vor sich hinhalten. Sicher ist sicher. So kann ihnen wenigstens die Sache nicht zu nahe kommen! Einige bleiben sogar an der Tür stehen. Wer weiß, was da auf sie zukommt. Im Ernstfall ist ihnen jedenfalls der Rückzug sicher. . .
Der Gottesdienst beginnt. Die gespielten Szenen gelingen wider Erwarten gut. Trotzdem verhalten sich die Jugendlichen abwartend. Zwischenrufe werden hier und da laut. Aber als am Ende die Geschichte erzählt wird, da horchen auf einmal alle auf. Die Walkmen rutschen hinter die Ohren. Die Comics verschwinden unter den Stühlen und die Gameboys in den Taschen. Aufmerksam verfolgen sie die Geschichte des Josia. Kein Zweifel, das ist kein König wie im Märchen! Was der erlebt, das kennen sie auch aus eigener Erfahrung: wenn man sich allein durchs Leben boxen muß; wenn man nicht weiß, was in Zukunft auf einen zukommt. . . Aber dann werden sie plötzlich Zeugen eines sensationellen Fundes. Sie hören von einer alten Schrift und deren Botschaft. Das also ist der „Schatz“, von dem in der Einladung die Rede war? So ganz wollen es die älteren Jugendlichen noch nicht glauben, daß diese alte Schriftrolle auf König Josia solch großen Eindruck gemacht haben soll. Ob die Worte, die in der alten Schrift stehen, auch heute noch dieselbe Kraft haben?

Am Ausgang wird allen ein glitzernder „Schatz“ als Erinnerung an diesen Gottesdienst ausgeteilt. Es herrscht ein riesiges Gedränge. Jedes Kind will den größten Schatz nach Hause tragen. Ob sie sich auch später noch daran erinnern werden? Nicht an diesen „Schatz“, den werden sie bald verlieren, sondern an jenen unverlierbaren Schatz, dessen Geheimnis sie heute ein wenig gelüftet haben.

5. Erzählte Geschichte

Die Geschichten der Bibel sollen nicht nur Kindern erzählt werden. Sie sollen uns durch unser ganzes Leben hindurch begleiten, im Wechsel von Hören und Erzählen, von Lernen und Lehren. Dabei erweisen sich unsere Kinder und Schüler oft als unsere besten Lehrmeister.

Acht Jahre alt war Johannes, als er zum ersten Mal im Rahmen eines festlichen Gottesdienstes die Geschichte des jungen Josia hörte, der schon mit acht Jahren König war und von dem die Bibel Erstaunliches zu erzählen weiß. Mit 16 Jahren sollte er auf einer Freizeit für Kinder und Jugendliche selber eine Geschichte der Bibel aussuchen und vor der ganzen Gruppe von Kindern und Mitarbeitern erzählen. Er entschied sich für dieselbe Geschichte, vermutlich deshalb, weil sie ihm schon seit Kindertagen vertraut war. Durch sie wollte er den Kindern einen Zugang zur Bibel und ihrer Botschaft eröffnen.
Er. bereitete sich sehr gründlich auf seine Erzählung vor, studierte die biblischen Textfassungen zur Geschichte (2. Kön 23f/2. Chr 34) und entschied sich dann für die Fassung aus dem 2. Chronikbuch als Textgrundlage, weil sie die Vorgänge detailliert erzählte. Für seine eigene Erzählfassung wählte er die Erzählform im Ich-Stil. Sie ermöglichte ihm, die Ereignisse – über die strenge Verlaufsform hinausgehend – als selbst Betroffener zu schildern und dabei gleichzeitig mit den Zuhörern im Gespräch zu bleiben. Um die Geschichte zu aktualisieren und die Kinder mit dem Geschehen zu identifizieren, entschloß er sich, die Geschichte aus der Sicht des Schreibers Schafan zu erzählen. Er wählte diesen Standort, weil der Schreiber als Gegenüber des Königs Josia eine wichtige Funktion innerhalb der Geschichte innehat. In dieser Rolle war es ihm möglich, den Verlauf der Geschichte sachlich korrekt und zugleich in eigener Betroffenheit wiederzugeben.
Er wollte die Geschichte in mündlicher Erzählung frei vortragen. Um dabei der eigenen Phantasie nicht unkontrolliert freien Lauf zu lassen, entschloß er sich, die mündliche Erzählung zuvor schriftlich auszuarbeiten. In der Ausgestaltung seiner Geschichte legte er besonderen Wert darauf, daß bestimmte Schlüsselworte der Geschichte erzählend entfaltet wurden (z.B.: Josia „fing an, den Herrn zu suchen“, 2. Chr 34,3). Vor allem bemühte er sich darum, eine Sprache

zu finden, die sich an den Verstehensvoraussetzungen seiner Zuhörer orientieren, aber ihnen nicht nur nach dem Munde reden sollte.
Um die Phantasie der Kinder und Jugendlichen anzuregen, setzte er für seinen Vortrag nur einige wenige Medien ein: ein Hintergrundbild vom Tempel in Jerusalem (als Overheadfolie an die Wand projiziert) und einen altertümlichen Kasten (in Erinnerung an den „Geldkasten" im Tempel), der viele glitzernde und kunstvoll beschriftete Steine (als Erinnerungsstücke für die Kinder) und eine alte Schriftrolle enthielt. Wichtig war dabei, daß sich die Kinder und Jugendlichen nicht nur auf die optischen Reize, sondern auf das erzählte Wort konzentrierten. Die bereitgestellten Medien sollten die Erzählung nur unterstützend begleiten. So betrachtet bedeutete die Erzählung eine Herausforderung für Erzähler und Zuhörer, sich neu mit der Botschaft der Bibel zu befassen.

(29) „Ganz schön mutig, Josia!" 2. Chronik 34

Wahrscheinlich habt ihr noch nie von mir gehört. Mein Name ist Schafan. Der Name sagt euch sicher nichts. So will ich euch ein wenig von mir erzählen.
Geboren bin ich lange vor Jesu Geburt, genauer gesagt: fast 700 Jahre früher, in der Königsstadt Jerusalem. Dort wuchs ich, als einer von wenigen, im Königspalast auf. Nun, wie ein König sehe ich eigentlich nicht aus, aber sehr gelehrt. Tatsächlich bin ich auch der Sohn eines Gelehrten. Mein Vater war nämlich königlicher Schreiber. Er schrieb alles auf, was der König plante, was im Ausland vorging, ob die Leute im Land genug Steuern bezahlten und noch vieles andere mehr.
Auch ich wurde sehr früh zum Schreiben und Lesen erzogen. Nun denkt ihr euch sicher, im Königspalast aufzuwachsen sei das Schönste, was man sich denken kann. Aber da täuscht ihr euch. Es gab zwar jeden Tag festliche Gelage, auch oft Besuch aus dem Ausland. Aber der König Manasse, der damals regierte, hatte alles vergessen, was Gott für sein Land Juda getan hatte. Er glaubte lieber an andere Götter, die es doch in Wirklichkeit gar nicht gab. Er betete die Sonne an, hatte seine privaten Sterndeuter, Fachleute für Horoskope. Und was am schlimmsten war: Er verschandelte den Tempel, das Haus unseres Gottes. In seinen Vorhof stellte er Götzenbilder und betete sie an. Und alle anderen taten es ihm nach. Der wahre Gott war verachtet und vergessen.
Nachdem Manasse gestorben war, kam sein Sohn Amon an die Macht. Er trieb es noch schlimmer als sein Vater. Die Angst breitete sich auch in unserem Haus aus. Würde Amon nun auch noch die wenigen Menschen, die Gott vertrauten, töten? Mit jedem Tag wurde die Lage ernster.

Eines Nachts klopfte es an die Tür unserer Wohnung. Jetzt kommen sie und töten uns! dachte ich. Das Klopfen wurde immer heftiger. „Macht auf! Macht schnell auf!“ rief es durch die Tür. „Wir haben eine wichtige Nachricht für euch!“ Draußen stand ein Hofsoldat und berichtete aufgeregt: „Rebellion! Der König ist tot! Die Verantwortlichen sind schon gefunden und sofort hingerichtet worden. Nun will man Josia, den Sohn Amons, zum König machen.“ Und schon lief er weiter und ließ uns stehen.

Ich traute meinen Ohren nicht. Josia sollte König werden? Aber Josia war doch erst acht Jahre alt! Wie sollte dieses Kind unser Land regieren? Und wer würde ihm dabei helfen? Wer weiß, dachte ich, am Ende werden ihn all die Verräter am Hof auf ihre Seite ziehen und ihn dazu bringen, daß er genauso wird wie sein Vater und Großvater? Im Gebet bat ich Gott um Führung für diesen Jungen.

Wenige Tage später kam ein Bote zu mir: „Schafan, der König Josia läßt dich rufen.“ Ich war überrascht. Was wollte Josia von mir? Er kannte mich doch gar nicht. Da erfuhr ich, daß man einen Erzieher für Josia suchte. Und da ich gerade meine Ausbildung im Lesen und Schreiben beendet hatte, hatte man an mich gedacht. Natürlich zögerte ich erst ein wenig. Aber schließlich nahm ich den Posten an.

Obwohl man mich davon abhalten wollte, beschloß ich, Josia im Glauben an den einzigen Gott zu erziehen und ihm viel von Gott zu erzählen. Es war erstaunlich, wie gerne und wißbegierig der junge König die Geschichten von Gott hörte. Ich erinnere mich noch, wie er mich einmal fragte: „Schafan, das prächtige Haus dort drüben, ist das der Tempel, Gottes Haus?“ Ich nickte. „Und die vielen kleinen Altäre, die dort vor dem Tempel stehen, sind die alle für Gott gebaut?“ „Nein, Josia“, antwortete ich, „diese Altäre gehören anderen Göttern. Dein Großvater Manasse und dein Vater haben sie dort aufgestellt.“ „Wie?“ rief Josia außer sich. „Im Haus unseres Gottes stehen Altäre für Götter, die es gar nicht gibt? Ach, ich weiß, was ich machen werde: Wenn ich einmal groß bin, werde ich alles aus dem Tempel hinauswerfen, was dort nicht hingehört. Und dann werden alle Leute im Land nur noch Gott, dem einzig richtigen Gott, dienen.“ Da merkte ich, daß Gott zu Josia sprach und bei ihm war. „Aber erzähl niemanden etwas davon!“ warnte ich ihn. „Sag keinem, was du vorhast! Sonst lassen mich die andern nicht mehr zu dir kommen. Die wollen nämlich, daß du wie dein Vater und Großvater wirst.“ So schlimm war die Zeit, in der Josia aufwuchs! Der König war ständig in Gefahr. Aber Gott schützte ihn.

Eines Nachts wurde ich durch seltsame Geräusche geweckt. Stimmen drangen von draußen herein. Lichter flackerten auf. Schnell stand ich von meinem Lager auf und lief zur Tür. Da sah ich ein Dutzend Männer vorbeieilen. Sie hatten Fackeln und Knüppel in ihrer Hand. „Ein Aufruhr! Eine Revolte!" schoß es mir durch den Kopf. „Ich muß Josia warnen." Aber dann stutzte ich. Der Mann, der die Schar anführte, war das nicht der König selbst? Allmählich hatten sich meine Augen an die Dunkelheit gewöhnt. Ich sah, wie die Gruppe zum Tor schlich, es leise öffnete und in der Dunkelheit verschwand. Aber ich konnte nicht erkennen, wohin die Männer gingen. Voll Unruhe legte ich mich wieder hin. Aber kaum wurde es hell, da hörte ich es draußen lärmen und rufen. Leute schrien durcheinander. Mindestens hundert mußten es sein. Ich lief nach draußen. Dort herrschte ein riesiger Tumult. Menschen liefen hastig durch die Straßen. Sie schrien: „Wir sind verloren! Wir sind verloren! Baal wird uns töten! Die Götter werden uns vernichten!" Dabei zeigten sie aufgeregt auf die vielen Rauchsäulen, die am Horizont zum Himmel aufstiegen.
Was war nur in die Leute gefahren? War etwa Feuer ausgebrochen? Was war passiert? Auf einmal begriff ich: Der Rauch kam von dorther, wo die Götterbilder und Altäre für Baal standen. Vielleicht hatte sie jemand in dieser Nacht zerstört und angezündet. Aber wer? Da hörte ich einen rufen: „Der König ist schuld. Er hat's getan! Ich habe ihn selber gesehen. Nun werden die Götter ihn töten." Da fiel mir wieder ein, was ich selbst in der vergangenen Nacht gesehen hatte. Ich hatte mich also nicht getäuscht. Der König hatte es wirklich gewagt, alle Götterbilder zu zerstören. Woher nahm er dazu nur den Mut? Er war doch erst zwanzig Jahre alt!
Jahre vergingen. Josia war nichts geschehen. Er blieb gesund, obwohl alle Horoskope gegen ihn standen. Wieder einmal stellte sich heraus, daß Pappgötzen nicht töten können.
Eines Tages kam ein Diener des Königs und meldete: „Schafan, der König Josia läßt dich rufen." Ich dachte, es handele sich um eine Routinesache, vielleicht um einen Brief, den ich schreiben sollte, vielleicht auch um eine Abrechnung. Aber diesmal hatte der König offenbar etwas Besonderes vor. Als ich kam, wartete er schon ungeduldig auf mich. „Sag, Schafan", so empfing er mich, „erinnerst du dich noch, als ich dich einmal nach dem Tempel fragte?" Ich nickte. Natürlich erinnerte ich mich an unser Gespräch vor vielen Jahren.
„Nun schau dir heute den Tempel an!" fuhr der König fort. „Er sieht ja

noch viel schlimmer aus als damals. Sieh dir die Risse in den Mauern an. Und sieh, wie das Gold von den Säulen abblättert! Ich kann es nicht mehr mit ansehen. Auf, ruf die Handwerker zusammen und befiehl ihnen im Namen des Königs, daß sie den Tempel ausbessern! Und was ihren Lohn anlangt, so geh zum Oberpriester und bitte ihn um das Spendengeld, das im Tempel eingesammelt wird, und zahle es an die Handwerker aus!"
Ich sah es gleich. Diesmal duldete der König keinen Aufschub. So zog ich sofort los und ging zum Tempel. Dort fand ich den Oberpriester Hilkija. „Hilkija", sagte ich, „König Josia bittet dich um das Spendengeld. Er will den Tempel ausbessern lassen." Hilkija schaute mich groß an. „Den Tempel ausbessern? Das ist eine gute Idee. Aber ganz im Vertrauen gesagt: Ich kann dir kein Geld geben. Wie du weißt, wollen die meisten Leute nichts mehr von Gott wissen. Sie kommen auch nicht mehr in den Gottesdienst und spenden auch kein Geld mehr. Also, Geld hab ich nicht." „Dann werde ich Josia wohl sagen müssen, daß der Tempel so bleiben muß, wie er ist", meinte ich enttäuscht und wollte schon wieder gehen. Aber Hilkija hielt mich zurück. „Warte einen Augenblick, Schafan! Mir fällt gerade ein: Im Tempel steht noch ein alter Kasten aus früherer Zeit. Darin könnte vielleicht noch etwas Geld sein."
Hilkija machte sich sogleich auf die Suche. Wenig später kam er mit einem alten verstaubten Kasten zurück. Er ließ sich nur schwer öffnen. Aber als wir in den Kasten hineinschauten – tatsächlich! – in dem Kasten war Geld, lauter alte, aber immer noch gültige Geldstücke!
Der Priester schüttete das ganze Geld vor mir aus. „Damit kannst du die Arbeiter bezahlen", meinte er. Doch was war das? Da fiel ja noch etwas aus dem Kasten. Eine Schriftrolle war es, eine echte alte Schriftrolle! Was mochte wohl in ihr geschrieben stehen? Hilkija, der Priester, wußte es auch nicht. Er nahm die Schriftrolle, rollte sie behutsam auf und fing an zu lesen. Plötzlich rief er aufgeregt: „Was hier steht, das kenne ich ja noch gar nicht. Irgend jemand muß es aufgeschrieben haben. Gott muß es ihm gesagt haben. Auf, Schafan! Geh schnell zum König zurück! Sag ihm, wir haben eine alte Schriftrolle gefunden. Bring sie ihm am besten gleich mit!"
Da nahm ich die Schriftrolle und rannte zum Königspalast zurück. Dort suchte ich gleich den König auf, obwohl er eigentlich gar nicht gestört werden wollte. „Mein König", rief ich „ich habe eine wichtige Nachricht. Die Arbeiter haben das Geld bekommen. Die Arbeit am Tempel kann beginnen. Aber da ist noch etwas: Der Oberpriester hat mir diese

Schriftrolle gegeben. Er hat sie gefunden und gesagt, ich soll sie dir sofort bringen. Es sei darin eine Botschaft von Gott." „Eine Botschaft von Gott?" Josia sprang auf. „Lies sie mir vor, jetzt, auf der Stelle!"
Da nahm ich das Schriftstück, rollte es feierlich auf und begann zu lesen. Ich las dem König stundenlang vor, bis es dunkel wurde. Ja, sogar noch bis in die Nacht las ich ihm vor im Schein einer Kerze. Josia hörte die ganze Zeit aufmerksam zu. Ich merkte, wie er immer blasser wurde. Plötzlich sprang er auf. „Was steht da?" rief er außer sich. „Lies die letzten Sätze noch einmal!" Und ich las die Worte:

„Hört! Hört her! Der Herr ist unser Gott. Er ist der einzige Gott. Ihn sollt ihr lieben mit ganzem Herzen, mit ganzer Seele und mit ganzer Kraft. Wenn ihr aber andere Götter anbetet, werdet ihr umkommen und sterben wie die anderen Völker."

Als Josia das hörte, zerriß er seinen Königsmantel und rief: „Was sollen wir tun? Wir sind verloren! Wir haben Gott und seine Gebote vergessen." Und er befahl: „Laß alle Menschen aus der ganzen Stadt zusammenrufen: Frauen, Männer und Kinder – alle! Sie sollen hören, was in der Schrift steht."
Am nächsten Tag versammelte sich eine große Menschenmenge vor dem Tempel. Und König Josia stellte sich an das große Tor vor dem Tempel und befahl: „Bringt die Schriftrolle herbei und lest sie den Leuten vor! Alle sollen hören, was Gott von uns will." Da lasen die Priester die ganze Schrift feierlich vor, von Anfang an.
Aber einige Leute wollten nicht hören, was die Priester ihnen vorlasen. Sie riefen dazwischen: „Was geht uns euer Gott an? Wir brauchen diesen Gott nicht. Den kann man ja nicht einmal sehen!" Aber nach und nach wurde es immer stiller in der Menge. Die Leute lauschten den Worten, die die Priester vorlasen. Als sie aber die Worte hörten: „Hört! Hört her! Der Herr ist unser Gott. Er ist der einzige Gott. Ihn sollt ihr lieben mit ganzem Herzen. . .", da wurde es ganz still. Niemand mehr wagte etwas zu sagen. Alle wußten, was sie Gott angetan hatten.
Da rief König Josia in die Stille hinein: „Hört, ihr Leute von Jerusalem! Wollt ihr wieder auf Gott hören? Wollt ihr ihn liebhaben und euch an das Wort halten, das er euch heute gegeben hat? Es ist wahr, wir haben ihn alle vergessen. Aber er liebt euch mehr, als ihr ahnt, viel mehr!" „Ich will", rief eine Stimme aus der Menge. „Ich auch!" rief es aus einer anderen Ecke. „Ich will wieder mit Gott leben." Und nach und nach

stimmten auch die anderen ein: „Ja, wir wollen mit Gott leben. Wir wollen wieder auf sein Wort hören, das er uns heute gegeben hat."
Da stellte sich König Josia an die große Säule, die vor dem Tempel stand, und betete, daß alle es hörten: „Vater, wir haben keine Entschuldigung für das, was wir getan haben. Wir haben dich vergessen. Aber du hast uns nicht vergessen. Wir danken dir dafür. Hilf uns, daß wir dich von jetzt an nie mehr vergessen und daß wir auf dein Wort hören!"

C. THESEN
zum biblischen Erzählen

1. Biblisches Erzählen geht aus dem Hören hervor. Es beginnt damit, daß wir hinhören, was uns die Bibel erzählt.

a) Die Bibel erzählt von Gott: *Gottes Geschichte* mit uns Menschen. Diese Geschichte beginnt mit der Erschaffung der Welt und ist heute noch nicht abgeschlossen.

b) Die Bibel erzählt uns vom Menschen: von den *vielfältigen Erfahrungen des Menschen* mit Gott, von Leid und Freude, von Enttäuschung und Hoffnung, von Schuld und Vergebung.

c) Die Bibel erzählt in Form vieler - mündlich und schriftlich überlieferter - Erzählungen. Sie alle sind verbunden durch das *gemeinsame Zeugnis von Gott,* der zu den Menschen „auf mancherlei Weise" (Hebr 1,1) geredet hat.

2. Biblisches Erzählen setzt die Erzähltradition der Bibel fort. Es fragt nicht nur danach, was die Bibel erzählt, sondern wie die Bibel erzählt.

a) Die biblische Erzähltradition ist gekennzeichnet durch *Aktualisierung* vergangener Heilsgeschichte. Weil sie von Gott erzählt, der „gestern und heute derselbe" ist, ist diese Geschichte auch „heute" gültig. Im Vorgang des Erzählens wird sie je neu *gegenwärtig.*

b) Die biblische Erzähltradition ist gekennzeichnet durch die *Identifikation* des Erzählers mit den erzählten Erlebnissen seiner Vorfahren. Weil in ihnen von grundlegenden Erfahrungen des Menschen erzählt wird, findet er in ihnen seine eigenen Erfahrungen wieder. Das Erzählen geschieht jeweils in eigener *Betroffenheit.*

c) Die biblische Erzähltradition geht aus dem *fortlaufenden Gespräch* zwischen den Generationen hervor. Sie bleibt auch in ihrer schriftlichen Fassung gesprochenes Wort, das die Hörer je neu anspricht und zur *Antwort* herausfordert.

3. Biblisches Erzählen orientiert sich an dem elementaren Erzählstil biblischer Erzählung. An ihr hat der Erzähler seinen eigenen Erzählstil immer neu zu überprüfen und zu korrigieren.

a) Biblische Erzählungen erzählen von *wahrem* Geschehen. Als solche orientieren sie sich konsequent am *Handlungsablauf* und wahren streng die *Außenseite des Geschehens.*

b) Biblische Erzählungen erzählen von *wirklichen* Erfahrungen der Menschen. Sie entfalten diese Erfahrungen in *konkreter und anschaulicher Sprache.*

c) Biblische Erzählungen erzählen *glaubwürdig* und menschlich von Gott. Als solche sind sie konkret und *transparent* zugleich, einfach und *vielsagend* zugleich, anschaulich und *verhalten* zugleich.

4. Daraus folgt: Biblisches Erzählen heißt *erzählen.*

Das heißt:
a) *Nicht predigen, sondern erzählend nacherleben!*
Biblisches Erzählen zeichnet sich aus durch konsequente Anwendung des Erzählstils, wobei die Erzählung keiner zusätzlichen Interpretation bedarf und auch nicht durch predigthafte Zusätze unterbrochen werden sollte. Jeder eigene erklärende Zusatz zerstört die epische Geschlossenheit der Erzählung und die Kraft ihrer Botschaft. Statt dessen sollen die Geschichte so nacherzählt werden,
- daß Erzähler wie Hörer *gleichzeitig* werden mit dem erzählten Geschehen;
- daß beide behutsam den *Weg nachgehen,* den die Erzählung selbst vorgibt;
- daß ihre *verhaltene Botschaft* durch die Erzählung hindurch gehört wird.

b) *Nicht definieren oder beschreiben, sondern erzählend entfalten!*
Biblisches Erzählen sollte – entsprechend seinem biblischen Vorbild – äußerst sparsam mit theologischen Begriffen wie auch insgesamt mit begrifflicher Sprache umgehen. Was Sünde ist, was Angst und Freude, was Gottes Güte und Zorn und was Glaube bedeutet, wird in den biblischen Erzählungen nicht dogmatisch definiert, sondern in Form von Erfahrungen entfaltet.
Daraus folgt: Abstrakte Begriffe, Gefühle oder auch komplexe theologische Aussagen sollen im Erzählen so entfaltet, d.h. in Handlung umgesetzt und anschaulich gemacht werden,
- daß die Zuhörer das erzählte Geschehen *anschaulich* vor sich sehen und *mit allen Sinnen* erfassen können;
- daß sie *aus der Sicht der Betroffenen* miterleben, was hier geschieht;
- daß sie sich in deren Situation hineinversetzen und somit als *selbst Betroffene* an den gemachten Erfahrungen teilhaben.

c) *Nicht fabulieren, sondern konzentrierte Anschauung wahren!*
Das biblische Erzählen kann sich nicht immer wortwörtlich an die biblische Erzählvorlage binden. Um ferne oder unbekannte Namen oder Vorgänge den Lesern bzw. Hörern nahezubringen, sind diese anschaulicher und breiter zu entfalten, als es die biblische Erzählung selbst vorgibt.
Allerdings darf der Wunsch nach Anschaulichkeit nicht zum unkontrollierten Fabulieren und Phantasieren verführen. Vielmehr ist zu beachten:
- die Anschauung darf die Geschichte nicht überwuchern;
- ihre Funktion im Rahmen der Geschichte muß erkennbar sein;
- sie muß offen bzw. transparent für Gottes Wirklichkeit und Wirken bleiben.

Mit anderen Worten: Biblisches Erzählen soll an das Geheimnis Gottes heranführen, es aber nicht zerreden.

5. Daraus folgt: Biblisches Erzählen heißt *zur Bibel* hinführen.

Das heißt:
a) Biblisches Erzählen ist ein *Prozeß*, der sich nicht nur auf eine bestimmte Altersstufe bezieht, sondern Erwachsene wie Kinder, Erzähler wie Hörer einbezieht.

b) Das biblische Erzählen beschreibt einen Wachstumsprozeß mit dem

Ziel, daß beide, Erzähler wie Hörer, immer tiefer in die Bibel *hineinwachsen.*

c) In diesem Zusammenhang sind auch die Geschichten mitzuhören und zu erzählen, die als biblische *Zumutungen* verstanden werden. In der Erfahrung, daß immer ein Rest bleibt, den man sich nicht im ersten Anlauf aneignen kann, ist zugleich der Impuls für eine fortgesetzte Auseinandersetzung mit der Bibel gegeben.

d) Das biblische Erzählen hat das Ziel, daß Erzähler und Hörer zu einem *eigenständigen und mündigen Umgang* mit der Bibel hingeführt werden und im Lesen biblischer Texte Gottes Wort an sie heute vernehmen.

D. ANHANG

I. Lesefrüchte

Die hier abgedruckten Texte sind als weiterführende Denkimpulse zu verstehen. Sie knüpfen an die vorangegangenen Ausführungen an, möchten aber zugleich einen eigenständigen Zugang zum Thema vermitteln. Die Reihenfolge der zitierten Texte orientiert sich an den grundsätzlichen Ausführungen in Teil A.

1. Symptome einer „nachchristlichen" Gesellschaft

Das Thema „Gott" als solches treibt noch um, nicht jedoch die Auslegung der Rede von Gott in den kirchlichen Lehren. Für viele ist die Gottesfrage von der biblisch- christlichen Überlieferung abgekoppelt: Sie fragen noch nach Gott, aber die christlichen Antworten fallen ihnen nicht mehr ein. Die Gottesfrage nähert sich einer nachchristlichen Situation.

Karl Ernst Nipkow, S. 9

Unsere Zeit ist eine Zeit, in der die Autorität verlorengegangen ist, in der der Vater verlorengegangen ist. . . So gesehen lebt der westliche Mensch in einer Welt ohne Widerstände, folglich hat er nichts, mit dem er kämpfen könnte, nichts, über das er sich wundern könnte, niemanden, zu dem er voll Ehrfurcht emporschauen könnte: eine Wiederkehr von immer gleichen sinnleeren Situationen und bloßen Gesten gesellschaftlicher Rituale. Es ist ein Leben, das dem Schlaf gleicht. Ein solcher Mensch trifft sich nicht mehr mit dem Anderen: weder mit dem Anderen - dem Selbst in sich, noch mit dem Anderen - Gott.

Tatjana Goritschewa, S. 76ff

2. Die Bibel - ein „schweres" Buch

Dem „heutigen Menschen" ist die Glaubenssicherheit nicht zugänglich und kann ihm nicht zugänglich gemacht werden. Wenn es ihm um die Sache ernst ist, weiß er das und darf sich nichts vortäuschen. Aber die Glaubensaufgeschlossenheit ist ihm nicht versagt. Auch kann er sich, eben wenn er mit der Sache wahrhaft Ernst macht, diesem Buch auftun und sich von dessen Strahlen treffen lassen. . .

Martin Buber, S. (4)

Ohne unser ständiges Mühen um Verstehen ist die Bibel dem Papiergeld gleich, hinter dem keine Sicherheit steht. Ein solches Verständnis aber verlangt strengste Disziplin, es wird nur durch Treue und liebende Hingabe erreicht, durch Festhalten und Wiederbeleben des ursprünglichen Verständnisses, wie es von den Propheten und den alten Weisen überliefert wurde.

Abraham J. Heschel, S. 212

Wir Komfort-Menschen wollen es so leicht gemacht haben und so billig wie möglich dazu kommen. Indes – kein Park zum erbaulichen Promenieren ist die Bibel, sondern eine Eiger-Nordwand, die sich in Eis und Nebel vor uns verhüllen kann.

Paul Schütz, S. 71

In diesem Sinne erweist sich die biblische Sprache immer wieder als eine Sprache von besonderem Gewicht. Es ist eine *schwere* Sprache im eigentlichen Sinne; Menschen flinker Zunge sind ihrer nicht mächtig. Es ist eine Sprache, an der wir, mit dem Stock des Blinden sie abklopfend, immer von neuem erfahren: Ich bin auf festem Boden.

Ingo Baldermann (1), S. 88

3. Fragen nach der Bibel

Warum fragt eine säkulare Welt wie die unsere nach der Bibel? . . . Sie fragt um der Grund- und Urweisheiten willen, die auch außerhalb des Kreises derer, die von Jesus Christus betroffen sind, offenbar an Bedeutung und Gewicht gewinnen. Dabei zeigt sich: Es geht eigentlich gar nicht um die Chancen der Bibel in der heutigen Welt, sondern es geht um die Chancen der heutigen Welt. Die Bibel ist an ihrer eigenen Chance nie interessiert gewesen und hat nie danach gefragt, wie sie sich verkauft oder als brauchbar erweist unter dem Konkurrenzdruck anderer Literatur: die Bibel ist immer interessiert gewesen an der Chance, am Wohlergehen und Leben derer, die sie lesen. Der Grund dafür ist, daß Gott, dessen Wort uns in diesem Buch begegnet, nicht an seiner eigenen Chance, seinem Wohlergehen interessiert ist, sondern an unserem. Der Grund für das Fragen nach der Bibel scheint darin zu liegen, daß sich in unserer Gesellschaft eine unterschwellige, aber unhörbare Frage nach dem Sinn und Ziel des Lebens artikuliert. Die Beunruhigung unserer Zeit besteht . . . in der grundsätzlichen Frage danach, ob all das, was wir tun und wozu wir aufgefordert . . .werden können, in sich selbst noch einen Sinn hat, ob es nicht vergeblich ist und wir in einer frustrierten Gesellschaft leben.

Klaus-Peter Hertzsch (1), S. 315

So fragen wir erneut: Was ist heute notwendig im Religionsunterricht – in einer seit dem Beginn der Diskussion über einen problem-, lernziel- oder noch anders orientierten Religionsunterricht so deutlich veränderten Welt? Nicht daß wir es mit völlig neuen Problemen zu tun hätten; die Fragen, die uns heute bedrängen, wurden in den Diskussionen der späten sechziger Jahre auch schon gestellt, nur haben sich seither die Gewichte verschoben und die Konturen noch verschärft; und - wir haben es mit einer neuen Generation von Schülern zu tun, die unter anderen Bedingungen aufgewachsen ist und anders fragt als die, auf deren Fragen damals die neuen Konzeptionen des Religionsunterrichts Antwort geben sollten.

Ingo Baldermann (2), S. 11

4. Die Bibel erzählt Geschichte

Eine Geschichte haben, das heißt: mit seinem Leben nicht ins Sinnlose abstürzen müssen. Es heißt, aus einem Ursprung auf ein Ziel hin leben dürfen. . . Die Geschichte, die Gott mit den Menschen haben will, kann nur eine Heilsgeschichte sein, gleichgültig, zu welchen Wendungen, Eingriffen, Umbrüchen, Katastrophen es um dieses Zieles willen kommen muß. Und es kann nur eine Geschichte sein, die universale Geschichte ist, die Gott mit allen Völkern, mit dem ganzen Schöpfungsuniversum eingeht.

Paul Schütz, S. 49f

5. Die Geschichte der Menschen

Die Bibel ist tatsächlich ein durch und durch menschliches Buch. Es sind Menschen, die hier reden und schreiben von dem, was sie verstanden und mißverstanden haben, was sie erkennen und zu erkennen glauben. Was sie schreiben, zeugt von ihrer Hoffnung und Verzweiflung, von ihrer Liebe und Lieblosigkeit, von Treue und Intrige, von Frömmigkeit und Bigotterie. Nichts von alledem ist der Bibel fremd; keine Zensur hat versucht, die elementaren menschlichen Leidenschaften herauszufiltern.

Ingo Baldermann (1), S. 101

6. Die Geschichte Gottes mit den Menschen

Nun, wir werden. . . auch dies finden, daß da indirekt selbstverständlich *fortwährend* vom Menschen gesprochen wird, gerade wenn von Gott, von *diesem* Gott, gesprochen wird. Jedoch wenn vom Menschen gesprochen wird, geht es, umgekehrt, um Gott. Wenn von Abel oder Melchisedek, von Kain und Sanherib, von Rahels Schwangerschaft und von der Belagerung Jerusalems die Rede ist, dann geht es allemal um Gott und letztlich wesentlich um ihn in seiner Freiheit und in seiner Treue in der Gemeinschaft. Hier herrscht kein gleichmäßiges Wechselverhältnis, man kann die Reihenfolge nicht umkehren; dafür haben wir es nun eben mit der heiligen Lehre zu tun. Denn „heilig", das schneidet in der Bibel das Gleichgewichtsverhältnis ab. Darum ist die Bibel ein so fremdartiges und ärgerliches Buch. . .

Kornelis H. Miskotte (1), S. 124

7. Der Bibel mit Vertrauen begegnen

Was der heutige Mensch gewöhnlich liest, wenn er „das Buch" aufschlägt, ist jenem lauschenden Sprechen, das sich hier eingetragen hat, so unähnlich, daß wir allen Grund hätten, solcher Scheinaufnahme die achselzuckende Ablehnung vorzuziehen, die „mit diesem Zeug nichts mehr anzufangen weiß“. An die Stelle der ehrfürchtigen Vertrautheit mit ihrem Sinn und ihrer Sinnlichkeit ist ein Gemisch von erkenntnislosem Respekt und anschauungsloser Familiarität getreten.

Martin Buber, S. (5)

8. Der Bibel mit Ehrfurcht begegnen

Wenn ein Mensch sich in der Gegenwart eines großen Königs befindet, so wird er sich nicht setzen, sich bewegen und benehmen, als wäre er allein im eigenen Haus; er wird im Audienzsaal des Königs nicht in der gleichen saloppen Weise reden, wie er es daheim im Familienkreis oder bei seinen Verwandten tut. Darum wird jeder, der . . . ein echter Gottesmensch sein will, sich der Tatsache bewußt sein, daß der große König, der ihn ständig schützt und ihm nahe ist, mächtiger ist als irgendein menschliches Wesen. . . Ehrfurcht geht dem Glauben vorauf. Sie ist an der Wurzel des Glaubens. Wir müssen von Ehrfurcht geleitet werden, um des Glaubens würdig zu sein. Ehrfurcht ist mehr noch als Glauben die Grundhaltung des frommen Juden. Sie ist „der Anfang und das Tor des Glaubens. . ., und auf sie gründet sich die ganze Welt“.

Abraham J. Heschel, S. 59f

9. Der Bibel mit wachsendem Staunen begegnen

Uns fehlt nicht der Wille zum Glauben, sondern zum Staunen. Wahrnehmung des Göttlichen beginnt mit Staunen. Es ist das Ergebnis dessen, was der Mensch aus seinem höheren Nichtbegreifen macht. Das größte Hindernis für die Wahrnehmung ist unsere Anpassung an konventionelle Begriffe, an geistige Klischees. Staunen oder radikales Sich-Wundern . . . ist darum eine Voraussetzung für echte Wahrnehmung des Seienden. Fundamentales Staunen hat einen weiteren Horizont als jeder andere menschliche Akt. . . Radikales Staunen bezieht sich auf die gesamte Wirklichkeit, nicht nur auf das, was wir sehen, sondern auch auf den Akt des Sehens als solchen, ebenso wie auf unser eigenes Ich, auf das Ich, das sehen und über seine Fähigkeit zu sehen staunen kann.

Abraham J. Heschel, S. 37

10. Erzählen als Auftrag

Wer (in der Geschichte) lebt, muß davon reden. Er muß von der Naivität des Betrachtens übergehen zu der noch tieferen Kindlichkeit des *Erzählens.* Für eine spätere Generation wird es beinahe unbegreiflich sein, daß akademische Wissenschaft die sakrale Erzählung . . . zu reduzieren gewußt hat auf Geschichtchen, die uns in unserer Existenz auf keinerlei Weise angehen, die uns weniger berühren als der griechische oder germanische Mythus und die weniger Weisheit enthalten als Grimms Märchen. . . Aber schon jetzt stehen wir mitten in einem allgemeinen Erwachen aus dieser Hypnose und Lethargie. . . Wir werden allmählich von dem aus dem 19. Jahrhundert ererbten Wahn befreit, daß a) die Erzählung „nur eine Geschichte“ sei und daß b) die Lehre sich in einigen Hauptbegriffen zusammenfassen lasse. . . Um die Taten Gottes geht es. Sie wollen erzählt sein. . . Nehmen wir den Auftrag in dieser Weise auf, so werden wir wohl entdecken, daß wir mit einem neuen *kindlichen* Sinn bekleidet werden müssen. Bei uns westlichen Intellektuellen geht das nicht anders als auf dem Wege über die Reflexion.

Kornelis H. Miskotte (2), S. 203ff

11. Aus Erfahrung erzählen

Gott läßt sich nicht abstrakt definieren; von Gott kann man nur konkret erzählen. Was nicht erzählbar ist von Gott, das zählt nicht in der Theologie. . . Wo die Theologie von Gott zu *erzählen* aufhört, da muß man befürchten, daß sie Gott auch zu *erfahren* aufgehört hat . . . Wo sich die Theologie hingegen als kritische Erzählkunst des Glaubens versteht, dort wird der Zeitgenosse, statt nur dogmatisch angepredigt bzw. moralisch angefeuert zu werden, eingeladen, sich als aktiver Partner an einem gemeinsamen Erfahrungsaustausch zu beteiligen und seinerseits die von ihm gemachten. . . Erfahrungen mit Gott und der Welt auszusprechen.

Heinz Zahrnt, S. 31f.

12. Mündlich erzählen

So wie die Erzählungen jetzt vorliegen, spricht in ihnen nicht die Stimme eines einzelnen zu uns, sondern sie alle sind eine zeitlang, oft über lange Zeiträume hin, mündlich überliefert worden. . . Was nur individuell von Bedeutung ist, verfällt dem Vergessen; dafür bringt jede Generation neu ihre eigenen Erfahrungen und Fragen in den Überlieferungsprozeß mit ein. . . So liegt am Ende eine Erzählung vor, an der viele Generationen gefeilt oder auch gemeißelt haben.

Ingo Baldermann (1), S. 96f

13. Aktualisieren

Nach unserer Überzeugung ist die Bibel ihrem wesentlichsten Bestand nach eine Erzählung, die wir weiterzuerzählen haben. Und so kann es geschehen, daß sich die Erzählung - sozusagen in einer „unblutigen Wiederholung“ - vollzieht an denen, die uns hören. Sieh, so war Gott beschäftigt mit jenen Menschenkindern - damals; aber da *Er* es ist, wird er mit dir nicht ebenso umgehen? Ja, sobald du entdeckst, wer dieser „Er“ ist, beginnt deine Erzählung zu laufen, bist du mit dem fremden Leben außerhalb und oberhalb deiner verbunden, fängt dein eigenes Heilsdrama schon an, sich zu entfalten, . . .du weißt selbst nicht wie.

Kornelis H. Miskotte (2), S. 208

14. Sich identifizieren

Dies sollte die Erfahrung der Bibel sein: Wir erkennen uns wieder in Stephanus und den armen Hirten oder in dem auf ungeklärter Wanderung unterwegs befindlichen Jakob, aber auf einmal in einem neuen Horizont und den Himmel offen über uns. Und wir wissen jetzt, wo wir herkommen und wo es hingeht.

Klaus-Peter Hertzsch, S. 317

15. Elementar erzählen

Die Frage nach dem Elementaren führt das Gespräch zurück auf eine Ebene, in der Verständigung noch möglich ist, weil alles Gesagte an Erfahrungen zu überprüfen ist und sich dieser Überprüfung auch bewußt aussetzt. . .

Ingo Baldermann (3), S. 67

16. Im Zusammenhang lesen

Weil die Schrift ein Corpus, ein lebendiges Ganzes ist, darum wird für die Schriftlesung der Hausgemeinde vor allem die sog. lectio continua, d.h. die fortlaufende Lesung in Betracht kommen. Geschichtliche Bücher, Propheten, Evangelien, Briefe und Offenbarung werden im Zusammenhang als Gottes Wort gelesen und gehört. Sie stellen die hörende Gemeinde mitten hinein in die wunderbare Offenbarungswelt des Volkes Israel. . . Die fortlaufende Lektüre biblischer Bücher zwingt jeden, der hören will, sich dorthin zu begeben, sich dort finden zu lassen, wo Gott zum Heil der Menschen ein für allemal gehandelt hat. Gerade im gottesdienstlichen Lesen werden uns die geschichtlichen Bücher der heiligen Schrift ganz neu. Wir werden aus unserer eigenen Existenz herausgerissen und mitten hineinversetzt in die heilige Geschichte Gottes auf Erden. Dort hat Gott an uns gehandelt, und dort handelt er noch heute an uns, an unseren Nöten und Sünden durch Zorn und Gnade. . .

Dietrich Bonhoeffer (1), S. 45f

17. Lauschend lesen

Die Bibel ist wesentlich durch die Sprache der Botschaft geprägt und gefügt. . . Es gibt kaum irgendeinen Teil, kaum irgendeine Stilform der Schrift, die nicht unmittelbar oder mittelbar an die Botschaft gebunden und von ihr getragen wäre . . . Alles in der Schrift ist echte Gesprochenheit, der gegenüber „Inhalt“ und „Form“ als die Ergebnisse einer Pseudoanalyse erscheinen; so kann denn auch die Botschaft . . . nicht zur Anmerkung oder zum Kommentar zusammenschrumpfen. Sie dringt in die Gestaltung, sie bestimmt die Gestalt mit, sie wandelt sie um . . . Dieses Gestaltungsprinzip ist der Rhythmus.

Martin Buber, S. (10ff)

18. Biblisches Erzählen heute

Offenbar sind Erzählungen *notwendig*, um mich in dieser Welt, die mich täglich mit einer chaotischen Vielfalt von Eindrücken und Anforderungen konfrontiert, doch . . . zu Hause fühlen zu können . . . Das Haus, in das sie mich einweisen, hat offene Fenster und Türen; es gibt den Blick und den Weg nach draußen frei. Das Haus schließt mich nicht ein, sondern gibt mir den Mut, hinauszugehen und mir neue Räume und Landschaften zu erschließen; aber ohne solche vertrauten Räume . . . verließe mich auch der Mut hinauszugehen. . . Erzählungen stiften eine Welt, in der wir zu Hause sein können, nicht nur als einzelne, sondern gerade als Gemeinschaft; erst Erzählungen schaffen so etwas wie Heimat, sie ermöglichen Identität . . . Stellen wir uns vor, wir würden in einer Welt leben, in der es die biblischen Geschichten nicht gibt? Was würde unserer Welt fehlen? An diesem Punkt sind wir gefragt, ob und inwiefern denn die biblischen Geschichten den Märchen etwas voraus haben. Auch sie werden ja weithin erzählt wie Märchen, von Kindern auch so eingeordnet, angereichert mit Gestalten, die der Erzähler erfunden hat, um die Pointe zu unterstreichen. Und an ihre Seite treten die vielen Beispiel- und Vorlesegeschichten, die ähnlich märchenhaften Charakter haben . . . Aber wenn wir in dieser Welt, in der die Möglichkeit der Geborgenheit täglich weiter erodiert, nichts anderes zu bieten haben als Märchen und ihre Verheißung, sind wir mit unseren Kindern arm dran . . . Wo wir Hoffnung vermitteln wollen, wird nach der Autorität dieser Hoffnung gefragt . . . Die Autorität der Hoffnung, die wir erzählend vermitteln, hängt ab von der menschlichen Authentizität des Erzählten; nur in authentischen Geschichten wird sie auch als verläßlich erscheinen, als eine Hoffnung, die das Engagement lohnt.

Ingo Baldermann (5), S. 44ff

II. Literatur

Baldermann, Ingo, (1) Die Bibel - Buch des Lernens. Grundzüge biblischer Didaktik, 3. neubearbeitete Auflage, Vandenhoek & Ruprecht, Göttingen 1980.

Baldermann, Ingo, (2) Der Gott des Friedens und die Götter der Macht. Biblische Alternativen, (Wege des Lernens 1) Neukirchen-Vluyn 1983.

Baldermann, Ingo, (3) Wer hört mein Weinen? Kinder entdecken sich selbst in den Psalmen, (Wege des Lernens 4) ^{3}1992, Neukirchen-Vluyn 1986.

Baldermann, Ingo, (4) Ich werde nicht sterben, sondern leben. Psalmen als Gebrauchstexte, Neukirchen-Vluyn 1990.

Baldermann, Ingo, (5) Gottes Reich - Hoffnung für Kinder. Entdeckungen mit Kindern in den Evangelien, (Wege des Lernens 8) Neukirchen-Vluyn 1991.

Barth, Karl, Kirchliche Dogmatik. Bd. 4,3/1: Die Lehre von der Versöhnung Dritter Teil, erste Hälfte: Jesus Christus, der wahrhaftige Zeuge. 4. Aufl. 1989. Zürich 1959.

Bonhoeffer, Dietrich, (1) Gemeinsames Leben, München 23. Aufl. 1987.

Bonhoeffer, Dietrich, (2) Copyright Chr. Kaiser Verlag, Widerstand und Ergebung. Briefe und Aufzeichnungen aus der Haft, München 8. Aufl. 1958.

Buber, Martin, Zu einer neuen Verdeutschung der Schrift. Beilage zum ersten Band „Die fünf Bücher der Weisung", verdeutscht von Martin Buber gemeinsam mit Franz Rosenzweig. Verlag Lambert Schneider: Heidelberg ^{11}1987

Goritschewa, Tatjana, Hiobs Töchter, Aus dem Russischen von Birgit Butz. Frauenforum. Verlag Herder, Freiburg/Basel/Wien, 2. Aufl. 1989.

Hertzsch, Klaus-Peter, (1) Zeit für die Bibel. In: Evangelische Kommentare 6/1987, 314–317.

Hertzsch, Klaus-Peter, (2) Der ganze Fisch war voll Gesang. Biblische Balladen zum Vorlesen, Stuttgart 2. Aufl. 1970.

Heschel, Abraham Joshua, Gott sucht den Menschen. Eine Philosophie des Judentums (Information Judentum 2), Neukirchen-Vluyn ^{3}1992.

Klink, Johanna, Der kleine Mensch und das große Buch. Ist die Bibel ein Buch für Kinder?, Düsseldorf 1978.
Miskotte, Kornelis Heiko, (1) Biblisches ABC. Wider das unbiblische Bibellesen, Neukirchen-Vluyn 1976.
Miskotte, Kornelis Heiko, (2) Wenn die Götter schweigen. Vom Sinn des Alten Testaments, München 1963.
Nipkow, Karl Ernst, Erwachsenwerden ohne Gott? Gotteserfahrung im Lebenslauf, Copyright Chr. Kaiser Verlag München, München 1987.
Schindler, Regine, Erziehen zur Hoffnung. Ein Elternbuch zur religiösen Erziehung, Zürich/Lahr 4. Aufl. 1988.
Schütz, Paul, Evangelium. Sprache und Wirklichkeit der Bibel in der Gegenwart, Moers 1984.
Zahrnt, Heinz, Warum ich glaube - Meine Sache mit Gott, München 1977.

Für die Praxis biblischen Erzählens sei aus der Fülle der Arbeitsbücher und Ratgeber ein Buch besonders empfohlen:

Dieterich, Eberhard, Erzähl doch wieder. Ein Arbeits- und Lesebuch zum Erzählen biblischer Geschichten, Stuttgart 2. Aufl. 1989.

Das Buch richtet sich an alle, die hauptamtlich oder ehrenamtlich in der Praxis der Kinder- und Jugendarbeit stehen, und bietet eine hilfreiche Anleitung zum sach- und kindgemäßen Umgang mit biblischen Geschichten, verbunden mit konkreten Erzählhilfen. Im Anhang finden sich weiterführende Literaturhinweise.

Ein hilfreicher und umfassender Überblick über neuere Literatur zum Thema „Religiöse Erziehung" findet sich in:

Schindler, Regine, Erziehen zur Hoffnung. Ein Elternbuch zur religiösen Erziehung. Mit einer erweiterten und kommentierten Literaturliste. Zürich/Lahr 4. Aufl. 1988.

Einen hilfreichen Überblick über neuere Kinder- und Jugendbibeln gibt die Broschüre:

Schindler, Regine u. a., Neuere Kinderbibeln. Beschreibung - Kritik - Empfehlungen. Schweizerisches Jugendbuch-Institut, Zürich 1991.

Information über die „Christliche Initiative Brennpunkt Erziehung“

Sechzig evangelische, katholische und freikirchliche Erzieher und Erzieherinnen aus Familie, Kindergarten, Schule, Jugendhilfe, Jugendarbeit und Gemeinde gründeten im Februar 1982 in Münster/Westfalen die Christliche Initiative Brennpunkt Erziehung.

Ziele

Wir möchten einander ermutigen und befähigen, als Christliche Erzieher unserem Glauben persönlich und beruflich Ausdruck zu verleihen.
Wir möchten der Resignation im Leben vieler junger Menschen und Familien, aber auch im Leben von Kollegen und Kolleginnen, in der Zuversicht des Glaubens begegnen, um ihnen unsere Hoffnung zu bezeugen.
Wir möchten helfen, ein Stück gemeinsamen christlichen Lebens in Familie, Schule, Jugendhilfe und Gemeinde zu gestalten, und andere einladen, daran teilzunehmen.
Wir möchten lernen, uns mit pädagogischen und politischen Konzeptionen und Trends auseinanderzusetzen, sie an der Heiligen Schrift zu prüfen, um auch Institutionen und Experten gegenüber freier zu sein und mit entscheiden zu können.
Wir möchten Zusammenarbeit unter christlichen Erziehern, Familien, Gruppen und Verbänden fördern, Erfahrungsaustausch anregen und zum gemeinsamen stellvertretenden Handeln herausfordern in fachlicher und ökumenischer Offenheit.
Wir versuchen diese Ziele durch Tagungen, Veröffentlichungen, Lesertreffen, persönliche Gespräche und Begegnungen zu verwirklichen.

Veröffentlichungen der Reihe „Brennpunkt Erziehung“:

Hans Bernhard Kaufmann: Am Scheitern leben und glauben lernen, Neukirchen- Vluyn [2]1991, 104 Seiten
Hans Bernhard Kaufmann: Auf der Suche nach Glaubensgewißheit. Junge Menschen fragen nach ihrer Identität, Neukirchen-Vluyn 1988, 112 Seiten
Hans Bernhard Kaufmann: Die Christen und die Schule in staatlicher und in freier Trägerschaft, Neukirchen-Vluyn 1989, 112 Seiten
Hans-Jürgen Abromeit: Im Streit um die gute Schule. Der Beitrag der Christen, Neukirchen-Vluyn 1991
Hans Bernhard Kaufmann: Kindergarten - wohin?, Neukirchen-Vluyn 1992

Kontakte

Ein Informations- und Materialdienst erscheint ca. zweimal im Jahr. Geschäftsstelle: Im Draum 16, 4400 Münster-Sprakel, Tel. 0251/217291.

Irmgard Weth

Neukirchener Kinder-Bibel
mit Bildern von Kees de Kort

320 Seiten, 92 Farbbilder,
gebunden, DM 28,-

Irmgard Weth erzählt die Geschichten kindgerecht, aber nicht kindlich. Ihre konkrete, anschauliche Darstellung ermöglicht den Kindern, die Inhalte nicht nur zu verstehen, sondern mitzuerleben. Kurze, überschaubare Sätze und Textabschnitte erleichtern das Lesen, großformatige Bilder von Kees de Kort vermitteln den Kindern einen eigenen Zugang zu den Texten.

Leserstimmen:
„Dies ist eine Kinderbibel, die Ansprüche und Wünsche erfüllt, die man an eine Bibelausgabe für Kinder stellen muß."
(Der Evangelische Buchberater)

„Die hier vorliegende Textfassung ist so überzeugend gelungen, daß sie auch dem Erwachsenen, der dem Kind daraus vorliest, mehr geben kann als manch andere Bibel im heutigen Deutsch . . ."
(Eselsohr – Informationsdienst für Kinder und Jugendmedien)

„. . . Der verständliche, aber literarisch anspruchsvolle Sprachduktus wird durch die Textgliederung in Sinnzeilen unterstützt. Ein fachkundiger, theologischer Anhang wendet sich an Eltern, Erzieher und interessierte Jugendliche und ist in seiner Art für Kinderbibeln einmalig."
(Katholischer Kinderbuchpreis 1989 – Zentralstelle der Deutschen Bischofskonferenz)

Kalenderverlag des Erziehungsvereins
4133 Neukirchen-Vluyn